新書

ダライ・ラマ14世

Tenzin Gyatso, the Fourteenth Dalai Lama

傷ついた日本人へ

462

新潮社

本書のなりたち

二〇一一年十月二十九日、ダライ・ラマ十四世は日本を訪れた。高野山大学創立百二十五周年の記念講演を行うため、そして東日本大震災の被災地で犠牲者の慰霊と法話を行うためである。

震災後の日本で講演を行うのも、被災地を訪れるのも、法王にとってこれが初めてのことだった。何日にもわたる長時間の講演もきわめて異例のことだ。

本書は、今回の来日で法王が語ったメッセージを、高野山大学をはじめ、関係各位のご厚意により収録し再構成したものである。

講演のテーマは仏教の基本的な教えに始まり、真の幸福を得るにはどうしたらいいか、苦しみや悩みをどうコントロールするか、この世界の成り立ちや生命・宇宙のしくみ等々、非常に多岐にわたる。一貫しているのは、仏教の教えを根底にして、人類共通の真理を追究し、世界の平和と人々の幸福を実現したいという願いだった。

また、震災を通じて傷ついた日本人の心をいたわり、いかにしてこの苦しみと向き合うべきかをやさしく解き明かし、そして必ずや困難を乗り越えられると強く励ました。

ダライ・ラマ十四世は、この高野山での講演を振り返ってこう語っている。

「これほど長い時間、日本のみなさんとお話しすることはほとんどありませんでしたから、私にとっても非常に充実した時間でしたし、様々な刺激を頂きました。日本仏教の伝統にふれることで、共に仏教を学ぶ者同士の絆も強く感じました。また、今回特に特別だったのは、高野山という講演場所です。霊場でもある非常に神聖な場所に長く滞在しながら講演ができたことは、大変貴重な機会でした。

みなさんにとってこの講演が、生きる意味を見つめ直すきっかけとなり、『心の平和』を築く手立てになったらと願っています」

また高野山での講演を終えた後、ダライ・ラマ十四世は被災地に赴き、法要と講演を行った。十一月六日、仙台市で次のように語っている。

「今回は被災された方と直接悲しみを共有したいと思い、被災地にお伺いすることを決めました。宮城県石巻市と仙台市、そして福島県郡山市の三箇所です。

津波の被害があった石巻市では、まだ街が壊れたまま取り残されており、その想像以上の悲惨な光景に大変胸が痛みました。それでもこの町のお寺に行くと、遺族の方々が涙ながらに迎えてくださったのです。私も涙が溢れてくるのを止めることができませんでした。

実際に被災者の方からは『今も恐怖感が拭えない』『ふと悲しみが襲ってきてしまう』『自分のしていることに無力感を覚える』という声を聞きました。時が経ってもなお、震災がもたらした苦しみや悲しみと戦っているのです。

また東北だけでなく日本中のみなさんもまた、今回の震災に大きな不安やショックを覚えたことでしょう。突然の大きな恐怖にさらされて、知らず知らずのうちにずいぶん疲れ、傷ついているのではないかと思います。

しかし、震災が起きてしまったという事実を変えることはできません。大変悲しい出来事でしたが、いつまでも悲しみに打ちのめされていては、前を向いて進むことができません。

むしろこの逆境を乗り越えて、日本がより豊かに変わるきっかけにしていただけたらと思います。そして今ある障害を乗り越えた先に、以前より前向きに、自信を持って生きることのできる日本人がいることでしょう」

来日中、ダライ・ラマ十四世は成田、大阪、高野山、石巻、仙台、福島と様々な場所を訪れ、行く先々で多くの日本人に語りかけ、抱きしめ、叱咤と激励を繰り返した。そして十日間の滞在を終えると「復興の折には必ず再訪する」と誓い、日本から去っていった。


（新潮新書編集部）

傷ついた日本人へ ● 目次

第三章　私はどこに存在しているのか

この世界には二つの真理がある
『般若心経』には「空」を悟った瞬間が書かれている
たった一文字に込められた真理
「嫌いな人」を「空」として見てみると

第四章　苦しみや悲しみに負けそうになったら

圧倒的な悲劇を嘆くのは当然のこと
悲しみが深いからこそ力になる
苦しみを分析すると見えてくるもの
敵を大きくしているのは自分
行為と人格を切り離して考える
子どもを叱るときに気をつけること
優れた知性は悩みが深いというジレンマ

第七章　この世で起こることには必ず理由がある

第一章　自分の人生を見定めるために

まず最初に、なぜ私が仏教の教えをみなさんにお伝えするのか、その理由をお話ししたいと思います。

みなさんの中には仏教に興味があまりない方もいれば、違う宗教を信じている方もいるでしょう。宗教そのものを信じていない方だっているでしょう。

それでも日本のみなさんに仏教の教えを聞いていただきたいのには、幾つかの理由があります。

仏教のことを知らずに仏教徒になる日本人

その一つは、日本が仏教徒の非常に多い国だからということです。「仏教国」といっても過言ではありません。

中には仏教徒だという自覚のない方も多くいるでしょうが、先祖や家族をたどると、仏教の信仰を受け継いでいる方が大変多い。日本の文化や習慣も、仏教の影響を受けているものが多く、日本人は日々仏教に慣れ親しんでいるといえます。

でもその割に、仏教が何であるか、どんな教えかを知らない人が多い。先祖代々が仏教徒だから、家がもともと檀家だったから、そのような理由だけで仏教徒でいる人が多いのです。せっかく仏教と縁があったのに、とてももったいないことです。

仏教がどのような教えかを知ることで、信仰するべきかどうか、初めて自分で考えることができます。その結果、仏教を選んだ人こそ真の仏教徒といえるでしょう。

仏教の教えがどうして自分に必要なのか。信仰によってどのような人生を歩みたいのか。そして何を実現したいのか。

宗教を学ぶことは、自分の人生を見定めることなのです。

日本のみなさんの多くは、せっかくご両親や先祖から仏教を受け継いでいるのですから、一度きちんと仏教を学び、考えてみてはどうでしょうか。仏教国という環境から言っても、日本人の価値観に合うことが多いでしょう。

みなさんにとって、今回の講演が仏教を学ぶきっかけになれば嬉しく思います。その上で、仏教を信じるかどうかというのは完全に個人の自由です。自分の意志で選んでこそ、真の信仰なのです。

自分にあった宗教こそ「最高の宗教」である

仏教に限らず、他の宗教にも同じことがいえるでしょう。

世界にはたくさんの宗教があり、それぞれ信じている神様も教義もバラバラです。時には互いが対立し、いがみ合ったりもしています。

でもどの宗教の根本にも「幸せになりたい」「よく生きたい」「苦しみから逃れたい」という共通の願いがあります。この願いをどうやって実現させるか、それを説くのが宗教の本質的な役割であり存在意義なのです。

ただ、ひとくちに幸せや平和といっても、国や文化、両親や家族、またその人自身の性格や関心によって様々です。人によって幸福の定義が違う以上、それを説く宗教も色々な種類があって当然です。

そしてそれぞれが自分に最もあった宗教を選ぶことが大切です。たとえ何千年続いていようと、世界中に信者がいようと、教義の内容が画期的なものであろうと、宗教に優劣は付けられません。自分の宗教だけが正しいと信じこんだり、他の宗教をバカにしたりすることも、全く無意味なことです。

宗教は誰かの心を平和にしたり、誰かの助けになっていたりすれば、それだけで価値があるものなのです。

自分にあった宗教が、その人にとっての「最高の宗教」です。

だからこそ、自分が信じていない宗教のことも認め、理解し、尊重しあわなくてはいけません。私も仏教を信仰している仏教徒ですが、他の全ての宗教に敬意を払い、関心を抱くようにつとめています。

倫理こそユニバーサルな基準となる

自分の心を磨いたり世の中の平和を祈ったりと、宗教には大きなパワーがあります。ですから、心から信奉できる宗教に出会えることは大変幸せなことです。

でも、そういう宗教に出会うことができなければ、「無宗教」のままでいても全く構わないでしょう。私はそう思います。頼るものがないと不安になるのではと危惧したり、心からの信仰がないのにどこかの宗教の信者になったり、そんな必要は全然ありません。

ただ、無宗教の方は、宗教の役割を意識的に他のもので補うべきです。宗教を持たないと、精神を高めたり平和を願ったりという精神的活動が疎《おろそ》かになりがちです。また、生きていくための指標や基準も見失いがち。そのままだととても貧しく寂しい人間になってしまうでしょう。

現代の日本でも、孤独を感じたり、精神を病んだり、エゴイズムに走ったりする人が増えているということを聞きました。これは精神的活動がなおざりになってしまったことの弊害なのかもしれません。

それでは、宗教を持たない人が心と向き合うには何を基準にすればいいのでしょうか。それは世間一般の「倫理」です。

一人の人間として正しくあろうとする「倫理」こそ、宗教の代わりとなるものです。たしかに宗教のようなわかりやすい教義や儀式はないでしょう。しかし「よき人間であろう」と常に意識することは、確実に人間性を高め、他人を思いやる礎《いしずえ》になります。そして、豊かな人間関係を構築できるのです。

最近の私は、むしろ宗教より「倫理」を軸にお話しししています。というのも、仏教徒でない方に宗教的な観点からお話ししてしまうと、伝わることも伝わりづらくなってしまうことが多かったからです。「よく生きたい」「幸福になりたい」という人類共通の願いを述べても、宗教を土台にして説明すると、やはり複雑になってしまうことがありました。

その一方、同じ仏教徒同士であっても宗派が違えばそれぞれの見解はかなり分かれてきますので、そのあたりが難しいところでした。

とはいえ、世界の平和や幸福の追求は、世界全体で考えなくてはいけないこと。そのためにも異なる宗教や社会を横断するユニバーサルな基準が必要ではないでしょうか。

私はそれこそが「倫理」だと信じています。

宗教は観念的であるものが多いのですが、倫理は常識や論理に基づいています。人としてなぜそうしなければいけないのか、この世界はなぜそのようなものなのか、それをきちんと説明付けることができる。だからこそ世界全体・人間共通の指針となりうるのです。

私は世界各地でたくさんの方にお話ししていますが、そういったときはいつもこの倫理に基づいて話をするようにしています。仏教の教義ももちろん大切ですが、なるべく宗教とは無関係な立場から、一人の人間として考えたこと、体験したこと、経験したことに基づいて喋ろうとしています。そうやって宗教の枠を超え、世界中のみなさん一人一人と一緒に、幸福や平和について考えていきたいと思っています。

仏教に祈るべき「神」はいない

仏教徒でない人に、仏教の話をする意味はあるのか——。

この疑問の二つ目の答えは、仏教の持つ特色にあります。

仏教はたしかに宗教の一つですが、実は他の宗教と比べて「哲学」や「科学」の要素がとても強いのです。そのため、仏教の教義を学ぶことは哲学や科学を学ぶのと同じようなことだといえますし、哲学や科学として捉えれば各々の宗教の教義を横断することができるのです。

それではまず、仏教がどうして「哲学」的なのかを説明しましょう。

これを理解するには、まず仏教がどのような宗教なのか、他の宗教と比べて何が違うのかを知る必要があります。そこで宗教全体を分類していき、仏教がどのような位置づけにあるかを考えていきましょう。

世界には様々な宗教がありますが、その最も根源的な分類は「普遍的な教義を持っているか否か」でしょう。いわゆる「民族宗教」と「世界宗教」の違いです。

「民族宗教」とは、その土地の伝統や文化が混ざり合って自然に形成された宗教のことです。いつ誰が始めたというわけではなく、土地に古くから伝わる神様をそのまま信じていたり、生活と宗教が一体化されていたりするものが多いのが特徴です。

たとえばヒンドゥー教はこの典型例でしょう。竜神、暴風神など様々な民間信仰や地元の神話が合体し、さらにインドの社会システムを組み込みながら自然にできあがった宗教です。インドの文化や社会構造がそのまま宗教のシステムに投影されているため、ヒンドゥー教が他の国で成立することはありえません。

このように民族宗教は、普遍的な教義を持たないため他の民族に広がりにくいことが特徴です。

一方、「世界宗教」とは、その教えが教義という形で明確に示されている宗教のことです。明文化されていることで、固有の文化や地域にしばられず、誰もがその宗教を信仰することができます。キリスト教やイスラム教、そして仏教もこの中に入ります。

ただし、これらを大きく二分するのが、「神の存在を信じるか否か」という非常に大きな問題です。

「神」とひとくちに言っても解釈は様々でしょうが、世界を創造し支配する絶対的な存在だというのが共通の要素でしょう。たとえば、キリスト教やイスラム教などは、唯一絶対の創造主の存在を信仰する一神教です。

この類の宗教は、何をおいてもまず「神への信仰」が中心にあり、そこから全てが説明されます。「神」は絶対的な存在ですから、その存在を疑ったり、反抗したりしてはいけません。

それでは仏教はどうでしょうか。

実は仏教は「神」の存在を認めていないのです。いわゆる「無神教」という類です。仏教の開祖として尊敬を集めている釈尊（釈迦、ゴータマ・シッダールタ）も、決して神様ではありません。また、「仏」は悟りの境地に至った人のことを指す言葉ですから、誰にでもなれる可能性があり、「神」とはまるで違うものです。

「神」がいればそれに従えばいいわけですが、仏教にはそういう存在がない。幸せとは何か、真実とはなにか、その答えは経典を学んだり修行したりしながら、自分で見つけなくてはならないのです。

仏教がきわめて哲学的であるといったのはこのためなのです。

実際に釈尊も「私の教えをあなた自身で疑い確かめなさい。疑問を抱いたりおかしいと思ったりするのであれば、私に従う必要はありません」と説いています。

また、チベット仏教に古くから伝えられている有名な教えにも、「場所が変われば違った先生がいる。先生が違えば教えも違う」というものがあります。弟子は一人の先生の教えだけを盲信せずに、仏教の教えを広く全般的に学ばなくてはいけないし、先生も他の宗派に目を向けなくてはいけないという教えです。

チベット仏教は論理学を重んじる

仏教は「哲学」に近いものであるため、物事を考えるにはとりわけ論理性を重んじます。そのため「論理学」に近いともいえるでしょう。

実際にチベット仏教の歴史を振り返っても、論理学としての色が明らかです。

まず七世紀に、チベットのソンツェン・ガンポ王が唐の皇帝の娘と結婚したことで、一つの仏像が中国から伝えられました。

本格的にチベット仏教が形成されたのは八世紀。インドの僧侶・シャーンタラクシタがチベットに招聘され、そこで弟子たちに戒律を授けたことが、今日のチベット仏教の起源です。

彼はチベット仏教の基礎を築いたと同時に、チベットに論理学を広めた人でもあります。

彼がもともといたインドのナーランダー大僧院は、寺というより大学のような場所で、大勢の僧侶が仏教の教えを学んでいました。特に、仏教の考え方が論理性を重んじることから、ここにいた僧侶たちも盛んに論理学を勉強していたのです。シャーンタラクシタは大変優れた論理学の学者だったため、そこで指導をしていました。

チベット仏教は、彼の指導やナーランダー大僧院の教えから発展したため、仏教の中でもとりわけ論理学の影響を強く受けていて、物事を考える際にも論理的思考をとても重要視しています。

このように仏教は、論理的に物事を捉えることで、真理にアプローチしようという宗教です。人間とはなにか、心とはなにか、幸せとはなにか、世界とはなにか。その概念を見直し、徹底的に探究し、その中にある真理や法則を解き明かします。

その上で、一人の人間としてどう生きていくべきかを見定める。だからこそ、自分だけでなく、仏教徒だけでもなく、全ての人間に当てはまる答えに帰結するのです。

これはまさに「哲学」と同じ姿勢といえるのではないでしょうか。仏教の教えには論理性と普遍性があり、仏教徒でないみなさんに理解していただける部分が多いのも、これが理由なのです。

私が今回お話しする仏教の教えも、みなさんがよりよく生きるための役に立ったり、人生を豊かにするための手がかりになったりしたらと願っています。

仏教と科学は同じ夢を見ている

先ほどお話ししたとおり、仏教は「科学」にも非常に近い性質があります。

そう聞くと、宗教と科学は相反するものではないかと訝《いぶか》る方も多いでしょう。実際、「科学は宗教を壊すから近づかないほうがいい」と私に忠告してきた方もいました。

しかし私は決してそうは思いません。仏教も科学も、この世界の真理に少しでも迫りたい、人間とはなにかを知りたい、そういった共通の目標を持っています。

たとえば、宇宙はどうして生まれたのか、意識とはどのようなものか、生命とはなにか、時間はどのように流れているのかなど、仏教と科学には共通したテーマがとても多いのです。しかも、それらは現代の科学をもってしても、解き明かされてはいません。

概念を疑ったり、論理的に検証したり、法則を導き出したりする姿勢も、仏教と科学は驚くほどよく似ています。科学はそれを数式や実験でもってアプローチし、われわれ仏教は精神や修行でもって説く。用いる道具は違いますが、目指している方向は同じなのです。

実際、私は二十五年ほど前から、科学者の方々と定期的にお会いし、情報交換を続けています。私にとって最先端の科学の話を聞いたり、色々な学者の方と議論を深めたりすることは非常に刺激的で、仏教の教えを考える上でも大きな手がかりになっています。

一方、科学者にとっても、仏教の話を聞くことはとても興味深いと聞きました。というのも科学の世界では、精神や認知といった分野はまだ謎の多い領域であるそうです。

ところが私たち仏教徒は、何百年も前からずっとこのテーマと向き合い、研究してきました。その研究の蓄積や実践の成果は、科学者の方にとって貴重な情報なのだと伺いました。

みなさんにとっても、今まで当たり前だと思っていた物事を科学的に検証したり、違った切り口で見つめ直したりすることは面白いはずです。そして、新しい発見や気づきがあることでしょう。

仏教と科学の関係については後で詳しくお話しします。

さて、これからいよいよ仏教の教義のお話をしていきます。

ただし、仏教の話の根底には、人類共通の真理や世界の道理があるということを、心に留めながら聞いていただければと思います。そして、仏教の教えをきっかけに、世界中のみなさんに何らかの貢献ができ、心の平和が生まれればと願っています。

第二章　本当の幸せとはなにか

幸せは単なる快楽と反応に過ぎないのか

まずは、「幸せとはなにか」ということについて今一度きちんと考えてみましょう。

みなさんはどのようなときに「幸せ」を感じるでしょうか。いいことが起きたとき、好きな人といるとき、美味しいものを食べたとき、欲しいものを手に入れたとき……。人によって実に様々でしょう。

それでは、この「幸せ」とはどのような感情、状態なのでしょうか。なぜこのようなときに「幸せ」だと感じるのでしょうか。

たとえば美味しいものを食べたとき、私たちはまずその味を楽しみます。味だけでなく見た目やにおいにも心を惹かれますし、食後の満腹感にも幸せを感じることでしょう。

ただし、こうして考えてみますと、味覚、視覚、嗅覚など全て感覚器官によって、幸せを感じていることがわかります。つまり、より科学的に言えば「食事をして幸せだ」

というより、「食事によって感覚が刺激され、幸福感という反応が起きた」ということでしょう。

はじめに挙げた例も同じです。いいこと、好きな人、欲しかったもの……。そういった「自分にとって好ましい物事」が感覚器官を刺激し、その結果「私は幸福である」と意識するに至ります。

こう考えると、私たちが普段「幸せ」だと思うことの多くは、快感による身体的反応に過ぎないということに気づきます。「幸せ」と言うとなんだか精神的なもののように思われていますが、非常に即物的、肉体的なものなのです。

この類の幸福感の怖いところは、「自分にとって好ましい状況」であるかどうかで、自分の幸福感が左右されてしまうということです。美味しいものを食べて「幸せ」を感じている時はいいのですが、それが続くのはその時その一瞬だけ。食べ物がなくなればたちまちその幸福感は消え失せてしまいます。

つまりこうした幸福感は、外的要因によって決められてしまうということです。

二十世紀における幸せの頂点と限界

それでも私たちは、これまでひたすらこの物質的な幸福感を追い求めてきました。特に二十世紀は、この追求が頂点に達した世紀と言ってもいいでしょう。

産業や経済の発展は凄まじく、私たちは大変豊かになりました。科学技術の進歩は社会を一変させ、生活はますます便利で快適になります。世界は贅沢なものであふれ、機械によって面倒なことは排除され、様々な娯楽がどんどん提供されました。このままいけば、私たちはどんどん「幸福」になっていくはずだったのです。

ところがどうでしょう。どれほど豊かになっても、「幸福」で満ち足りるということがありません。それどころか、欲望はどんどん大きくなっていったのです。

どれだけ生活が豊かになっても、世界がものであふれても、私たちはいつも物足りずどんどん欲しくなる。膨れゆく欲望にこたえようと、技術はさらなる進化を求められ、企業はどんどん拡大を続け、経済活動はますます巨大化する。それでも欲望はとどまらず、社会への要求はどんどん高くなっていくのです。

なぜ欲望がとまらないのでしょうか。

それは幸福感が「外部からの刺激」によるものだからです。幸福の源が外にあるので、常にそれを求めずにはいられません。逆にいえば、欲しがらなければ幸せになれない。つまり自分ひとりでは幸福感を感じることができなくなってしまったのです。

今もEUで金融危機が起き、ヨーロッパだけでなく世界全体を巻き込む事態になっています。これも元をたどれば、凄まじい欲望の果てに生まれた巨大な経済システムのひずみではないでしょうか。

おおよそ普通の生活で必要のない巨額の金を動かし、財産を少しでも増やそうと眼の色を変えている。その背景には、お金があれば欲望は何でも満たされる、より深い幸福感が待っている、そんな呪縛があるのです。

そうやって一部に莫大な財産が集められれば、貧富の差も広がります。こんなに豊かな世界がある一方で、食べるのに困って餓死する人がいるというのは、本当におかしなことでしょう。

まさに欲望に駆り立てられた社会の腐敗、人間の堕落の象徴ではないでしょうか。

利己的で短絡的な人間の行く末

欲望の肥大化は、人間を利己的で短絡的にもします。

多くのものを手に入れれば幸せで、手に入れられなければ不幸になるというしくみである以上、限りある富を周囲と争い、他人から少しでも多く奪わなくてはなりません。他人に優しくしたり何かしてあげたりするのは自分の損につながります。そうしていつも誰かと争った結果、途方もなく疲弊してしまうのです。

また、「幸せ」が外的な刺激による反応に過ぎないということは、それ自体がとても不安定で危ういものだということです。自ずと目先の欲求や利益に踊らされることとなり、短絡的な考えしか持てなくなります。

この最たる例が環境問題でしょう。冷静に考えれば、地球は、自分たちの代だけでなく次の世代もその先もずっと住み続ける場所です。替えが利きません。自分たちの瞬間的な都合や利益を優先して、未来にまで残るダメージを負わせていいはずがないのです。

それでも、今の自分たちには関係がないからと「まぁいいや」と思ってしまう。その短絡的な考え方が私はとても恐ろしいと思います。

そして、行き過ぎた欲望とエゴが極限まで達すると「戦争」が起こるのです。

特に二十世紀は「暴力と流血の世紀」だったと言ってもいい。人類の歴史を振り返っても、これほどまでに自分たちの欲望を主張し、暴力が横行した世紀はなかったでしょう。その結果、凄まじい数の人間の尊い命が失われました。第二次世界大戦だけでも数千万人が亡くなったと言われています。

特に日本の広島と長崎に落とされた原爆は、一発で多くの人を死なせただけでなく、街そのものを吹き飛ばしてしまいました。科学技術の進歩が街を豊かにしたはずなのに、その科学技術で街が破壊されてしまったのです。

二十一世紀は正反対の価値観に切り替える

もう私たちはわかったはずです。

いくら欲望が満たされても本当の「幸せ」にはたどり着けない。それはもう二十世紀の歴史が証明してくれました。

欲望を追求し、人と争い、挙句の果てに戦争まで起こしても、私たちは幸せになるどころかますます苦しくなり、世界は最も悲惨な姿になってしまった。欲望を追求した先は、幸せどころか自滅と崩壊の道につながっていたのです。

二十一世紀を生きる私たちは、この失敗を認め、誤った認識を正していかなくてはいけません。これまで当たり前だと思っていた価値観を見直し、平和な世界を築く必要があります。それはこの地球に住む全ての人間の責任なのです。

特に今は人口がどんどん増え、すでに七十億人に達しています。これだけ人間がいるのですから、それぞれが欲望のままに行動すれば、たちまち世界中が争いの場となるでしょう。

こんな私たちですが、それでもやはり今も昔も「幸せになりたい」という願いは変わらないのです。それでは一体、本当に「幸せ」になるにはどうしたらいいのでしょうか。

そのためには、これまでの固定観念を大きく転換させ、正反対の道筋をたどってみることです。正反対の道筋とは、欲望やエゴの放棄です。

欲望やエゴは、これまではむしろ「幸せ」を追求するモチベーションともなっていました。それをあえて捨ててしまいます。そして、他人への「愛」や「慈悲」、「利他的な考え」といった正反対の観念を取りいれるのです。

とはいえ、愛や慈悲や利他などというと、自分には何の得にもならない、むしろ損してしまう、そう思う人がいるかもしれません。

しかし考えてみてください。欲望やエゴがあるからこそ人はいつも渇きを感じ、他人と争わざるをえません。争いに勝つためには、嘘をついたり、人を騙したり、貶《おとし》めたりもします。他人からも同じことをされるのではと怯え、自分の財が失われる恐怖にも駆り立てられます。

結局、欲望やエゴは自分の得になるどころか、自らを苦しめ悪い結果を生み出すものなのです。

「心の平和」という新しい幸せの基準

この事実に気づいた私たちは、今こそ正反対の考え方へと転換するべきです。

他人に思いやりを持ち、広い視野で物事を見つめる。利他的な行動をとり、自分が今持っているもので満足する。人を信頼して正直に生き、他人への思いやりや優しさを人間関係の基本にする――。

そうすれば渇きや争いから解放され、心が平穏になることを感じるでしょう。他人への恐れや後ろめたい感情は消え、自分のことを自分で信じられるようになるはずです。

このとき心の中には、これまでと別の種類の幸福感が生まれてくるはずです。刺激による心の高まりとは違う、静かで穏やかな「心の平和」です。これこそが私たちが追い求めてきた「幸せ」の本当のありようだったのです。

これまで言及してきた「幸せ」は、全て肉体的・外因的な幸福感でした。外的な刺激に感覚器官が反応し、快感を覚えるというものです。だからこそ、外部の世界にそれを求めて、どんどん欲望が肥大化していきました。

しかし、「心の平和」は、精神的な幸福感です。あくまで自分の内部に生じるもの。外部に快楽の種を求めるのではなく、自分で「幸せ」を生み出すものなのです。外的条件に左右されることもなければ、誰かと争う必要もありません。

また、刺激による反応に過ぎなかった肉体的幸福感は、とても不安定で刹那的なものですが、精神的な幸福感は自分の力で深めることも長く維持することもできます。純粋な精神活動による自律した「幸せ」なのです。これは肉体的な幸福感よりずっと確かなものだといえるでしょう。

こうして一人一人に確かな「心の平和」が確立すれば、それはやがて全体の平和にもつながっていくでしょう。個人の幸せが家庭の幸せを生み、家庭の幸せが社会、国家、そして世界の平和にもつながっていくのです。

一人一人の心の中に平和があってこそ、グローバルなレベルでの平和が達成できるのです。人々が互いに「幸せ」を求めて争い、欲望に駆られ、自分のことしか考えていなければ、いつまでも世界が平和になるわけがないのです。戦争や紛争の根絶はまさにここから始まるのだと思います。

愛情がなければ生物は生きられない

ただし「心の平和」を確立することは、物質的な快楽を得るよりずっと難しいことです。

食べ物を食べる、欲しいものを買う、そんな単純なことで快楽はすぐに得ることができるのですが、精神的な「幸せ」はそういうわけにはいきません。自分の心を訓練し、常に努力をしなければ、すぐに欲望に流されてしまいます。

そんなことは面倒だ、欲望のままに生きたい、そう思う人もいるでしょう。でも欲望やエゴで幸福を実現しようとすれば、必ず破綻するということを忘れてはいけません。安易な方法で得た幸福は、やはり安易に崩れ去るものです。欲望やエゴを切り捨て「心の平和」を育ててこそ、本当の「幸せ」が生まれるのです。

仏典（仏教の経典）にもこんな言葉があります。

「この世のあらゆる楽、それらはすべて他者の楽を望むことから生ずる。この世のあらゆる苦、それらはすべて自らの楽を望むことから生ずる」

『入菩薩行論《にゅうぼさつぎょうろん》』をまとめ、チベットで最も尊敬されている高僧・シャーンティデーヴァ（寂天《じゃくてん》）の言葉です。これが書かれたのは八世紀ですが、二十一世紀の私たちもこの言葉の意味を深く考えなくてはいけません。

とはいえ、欲望やエゴをすぐに捨てられるかといったら、やはり大変難しいことです。他人への思いやりはどうやったら生まれるのか、と私に質問した方もいました。

しかし、命あるものは多かれ少なかれ、他人への思いやりや愛情を必ず持っている。私はそう確信しています。

それを不安に思う方は、自分がどのように生まれ育てられてきたのかという「自分の起源」を思い返してください。すると人は誰でも愛情によって育てられたことに気づくはずです。

生まれたての赤ちゃんは、一人で食べることもできず、生きていくことさえできない状態です。それでも、そんな状態でこの世に生まれてくるのは、誰かが必ず愛情をかけて育ててくれると信じているからなのです。その前提にたって、私たちは生まれてきたのです。

もし人間が本当に自分一人のことしか考えない生き物だとしたら、誰も赤ちゃんを育てることはなく、私たちは一人として成長できなかったでしょう。しかし、ここにいるみなさんは誰かの愛情を受けて生み育てられた。だからこそ今生きているのです。

これは人間だけではなく命あるもの全てに共通しています。親鳥が巣にいるヒナに餌を運ぶように、哺乳類が子どもに乳を与え育てるように、生物が命を受け継いでいくシステムの根底には、多かれ少なかれ愛情というものが組み込まれているように思います。つまり生命の営みは、その根幹を愛情によって支えられているのです。

たしかに生き物の種類によって、愛情の質や強さには差があるでしょう。自分の乳を与える哺乳類であればその分親子の絆は強いでしょうが、卵を産み落とすだけという爬虫類などは絆と呼べるものはないかもしれません。それでも、そこには爬虫類なりの愛情のようなものがあり、彼らは脈々と命をつないできている。

逆に言えば、人間は生物の中でもとりわけ愛情を与えられ、深い絆の中で育てられるのですから、その分他人へも愛情を与えることができるはずです。私たちは生まれた時から、愛情をかけられる喜びと充足感を知っているのです。

自分から世界へ愛を拡大する

それでは、親から与えられた愛情を、私たちはどう他者への愛や慈悲に変えていけばよいのでしょうか。

まず最初に、しっかりと自分自身に愛情を向けてみましょう。そして自分という存在を大事にする。

自分を大切にできない人が、他人を気遣ったり優しくしたりするというのは無理があります。他人への愛情の土台として、まずは自分をしっかりと思いやる。一人一人が社会を構成する大事な最小単位なのです。ただし、ここでとどまっていては、単なる利己的な人で終わってしまいます。

次に家族を慈しみましょう。家族は最も近しい他人であり、最も小さい組織です。家族を愛することこそ、他者への愛情のスタートです。

また、家族というのは非常に小さく近しい集団だからこそ、人間関係の本質や本当に大切なことがわかりやすいものです。

たとえばどれだけお金を持っていても、社会的な地位が高くても、愛情や思いやりのない家族は幸福といえないでしょう。逆に、貧しくても愛情にあふれた家族なら、やはり幸福だといえます。

ところが、この「他人への愛情が自分の幸福になる」という感覚は、家族という関係性の中なら簡単に理解できるものなのに、集団が大きくなるにつれ、どんどん実感が薄れていってしまうのです。どんなに大きな地域や社会も、結局は個人や家族の集合体にすぎません。個人や家族に当てはまる原則はより大きなレベルでも通用するはずです。

自分の家族に抱く愛情や思いやりを、身の周りや組織の人に、地域や社会の人に、少しずつ広げていきましょう。自分から他人に愛情をかければ、相手の反応が変わってくるのがすぐわかるはずです。

そしてその輪が広がれば、ゆくゆくは社会全体、世界全体にまで拡大します。一人一人の愛情が全体を包みこみ、それが人間関係そのものとなるのです。そのとき本当の平和が訪れるのではないかと思っています。

慈悲を持つための二つの思考法

実際に他者への愛情や思いやりを深めるには、どのようなことをしたらよいのでしょうか。

仏教では具体的な方法論を二つ教えています。

まず一つは、自分の視点と他者の視点を置き換えてみること。

ともすると人は自分だけ良ければいい、自分さえ幸せになればいいと考えてしまいがちです。しかし、一旦その視点を捨てて他人の視点と入れ替わってみるのです。

そうすると、他人の目から自分を見ることができる。自分がいかにたくさんの他者と共に生きている存在なのか、自分の考えがいかに狭く悲しいものだったのかが自ずとわかってくるでしょう。

もう一つは、どんな事象も全て自分につながっていると考えることです。

仏教では、あらゆる事象は全て関係しあっていると考えます。どんな生き物も過去に死んだおびただしい数の生命も、一つとして独立しているものはありません。偶然生まれたかのように思われる命も、他の生き物との関係性の中から必然的に生まれてきたのです。

それはあなたの存在も、あなたに起こる全ての出来事も同じです。他の人の存在や影響があったからこそ生まれ、そしてあなた自身も他人に影響を与えているのです。

こう考えれば、相手に起こることは自分に起こることと同じだとわかるでしょう。自分の幸せを願うことは、他人の幸せを願うことと同じ。そして他人を疎かにすることは、自分を不幸にすることと同じです。

相手を自分と同じように捉えることができれば、自然と慈しむことができるでしょう。そして、だんだんと利己的な感情が消え、純粋に他者を思うようになります。

やがて全ての他者、あらゆる命を愛するところまで慈悲の心が大きくなる。そして、ただ思いやったり共感したりするだけでなく、その人が幸せになれるように自分が何かしよう、苦しみを取り除いてあげようという段階になります。

もちろん、これほど大きな慈悲の心に近づこうというのであれば、それなりの修行が必要です。私もその段階になれるよう常に鍛錬していますが、いまだに修行中なのです。

教育にも「心」の科目を

心を高めていくことは、仏教に限らずほとんどの宗教が目指していることです。これこそ宗教の本質であり、大事な役割とも言えるでしょう。宗教というシステムは、心を育てるのにたいへん役立つものです。

しかし、世界には宗教を持たない方も大勢いらっしゃいます。そう考えると、宗教の有る無しに関係ない「倫理観」をきちんと育てることも大切です。

特に子どもたちへの教育はこれから見なおさなくてはならない。近代の教育は、稼ぐために必要な、実用性の高いスキルにばかり注意が向けられたり、他人より優秀であることを証明する競争になり代わってしまったりしたからです。

人としてどう生きるべきか、よい人間になるにはどうすべきか、そういった「人間性」の教育は無駄なことだとなおざりにされ、宗教や家庭に任せきりではなかったでしょうか。エゴが増長し、自我意識が肥大化していったのは、それも一因だと思います。しかし、未来の世界から戦争という悲劇を断ち切り、暴力を根絶するためにも、倫理観を育てるのは緊急の課題です。他者への思いやりや心の平和が、現実的に必要になってきているということです。

これからは、精神を育てる科目を、ぜひ子どもたちの教育に加えてほしいと思います。宗教とは関係なく、現代の一般教育として、心はどのようなものか、どのようにはたらくのか、そしてどうコントロールすべきかを教えるのです。

すでに一部ではこうした問題点に目が向けられ、少しずつ見直しが始まっています。

その際、仏教がこれまで取り組んできた研究が少なからず役立っていると聞き、とても嬉しく思っています。

欧米では、仏教のスキルを取りいれた教育が行われている国があります。たとえばアメリカのある大学では、学生たちに瞑想をさせたところ、精神状態が安定したり、集中力があがったりしたという変化が見られたそうです。

私自身、人間性や倫理観の教育の大切さを、色んな場所でお話しするようにしていきます。子どもたちが理性を育て、智慧を高め、人間としての素質を高めることのできるよう私も尽力したいです。

心はカメラに映らない

日本人のみなさんも精神的な「幸せ」を追求し、「他者への慈悲」を育てていくことをぜひ目指してください。

日本がすでにとても豊かで発展していることは誰もが知っています。私も一九六七年に初めて日本を訪れて以来何度も訪問していますが、そのたびにどんどん豊かになっていくように感じています。日本はアジアで最も経済発展や産業発展が進んだ国ですし、非常に裕福で進歩的な生活を送っています。民主主義がきちんと機能していて、自由な言論が保証されている国家という意味でも、諸外国から信頼が篤いところでしょう。

しかしこの間《かん》、精神や心の豊かさは、経済や産業ほど重視されてこなかったように思います。これは日本に限らず他の先進国にも共通の問題です。

性能のいいコンピュータを作れば生活は便利になりますが、心が穏やかになることはありません。日本のカメラも大変性能がよく、体内を映す医療カメラまで発明されていますが、それでも心の状態を映し出すことはできません。

日本の僧侶の方からも、最近の日本では人々のつながりが希薄になり、自殺者や精神を病む人が多いと伺いました。

日本はもう十分に物質的な発展は遂げられたのですから、これからは「次の段階」、すなわち「精神的発展」を遂げるべきです。この発展は眼に見えるものではないので、高度成長期のようなわかりやすい実感はないかもしれませんが、必ず社会がよくなっていきます。そしてその発展は、他の国の模範にもなるでしょう。

もともと日本人の精神性は非常に高く、慈悲にあふれたものだと私は思っています。たとえば自然を大切にし、畏怖する精神性を持っていたり、神道のような古くからの伝統が大事にされていたり。誰もが礼儀正しく、日本に来るといつでもどこでもたくさんの人にお辞儀をされます。

また、私がより一層親しみを覚えるのは、同じ仏教国であるということです。実際、日本に初めて来たときは、お寺が多い国だなという印象を受けました。

仏教国としてのキャリアを比べても、日本はチベットより先輩です。日本には六世紀ごろに釈尊の教えが伝わり、国中に広まったと聞いています。一方でチベットに仏教が初めてもたらされたのは七世紀のこと。その後八世紀、九世紀と時間をかけながら少しずつ広がっていったのです。そのような歴史を振り返りますと、日本の仏教に敬意を払わずにはいられません。

これほど仏教の盛んな日本の方なら、たとえ無宗教の方でも仏教的な観念や価値観の土台があるように思います。利他の精神に共感したり、因果や輪廻を理解したりということも、他国の方より簡単ではないでしょうか。

実は、仏教以外の宗教国で講演しますと、「もしかしたら私の話が信仰の妨げになってしまうのでは」とちょっと不安になりますが、日本の方にはそういう心配がないので私もリラックスしてお話しできるのです。

このように、日本人は高い精神性や倫理観と、仏教の伝統の両方をもちあわせています。この二つの力でもって心や人間性の向上をさらに目指していただければと思います。

また、倫理観を養うためにはやはり教育の力が必須です。この高野山大学は、近代教育の中に仏教が取りいれられている点で非常にユニークですから、ぜひ日本の教育に一石を投じていただければと思います。

第三章　私はどこに存在しているのか

人生をより良くするために仏教の考え方が役立つことが、少しずつわかってきたことでしょう。そこで、これからはより詳しく仏教の教えや概念をお伝えしていこうと思います。

仏教の教えの中で非常に重要な概念が「空」というものです。

他の教義や概念の土台になっており、仏教徒はこれをずっと研究しています。様々な経典にもこれが書かれていますが、これをただ読むだけでは非常に難しいと思いますので、これから身近な例で考えていきましょう。

ダライ・ラマは目の前にいない

みなさんには今、私が座って話しているのが見えているでしょうし、私の声も聞こえているでしょう。

ここでもし「ダライ・ラマはどこにいるのか?」と尋ねられれば、「あそこにいます」と指をさして示すことでしょう。「どの人がダライ・ラマか?」と聞かれれば、「あの人がダライ・ラマです」と答えることができるはずです。普通の感覚で考えれば、当然目の前の人物がダライ・ラマだと考えます。

でも、もう少し深く考えてみてください。どうしてダライ・ラマがここにいると認識しているのですか? それは目や耳といったあなたの感覚器官が私の姿や声を捉えているだけなのではないですか? 本当にダライ・ラマという人間がそこに存在していると証明することができますか?

もし、私の姿や声だけで私の存在が規定されるのであれば、「ダライ・ラマ＝ダライ・ラマの姿や声」ということになるでしょう。でもそれならば、私の声が失われれば、私はいないということになるのでしょうか? 姿が見えなければ、この世に存在しないことになるのでしょうか?

このように、当たり前だと思っていることに疑問を持ち、物事の本質を探りだす。これが仏教の思考法です。

今回も「ダライ・ラマはどこにいるのか」と考えていった結果、私たちは根源的な疑問にぶつかりました。「そもそもダライ・ラマとは何なのか」、つまり「人間の存在とは何なのか」という問題です。

ダライ・ラマという人間は、ダライ・ラマの「肉体」のことである。この考え方はどうでしょうか。しかし、私の顔、私の心臓、私の手足、どこをとってもダライ・ラマそのものだとは言えません。身体のどの部分を切り取っても、私が隠れているわけではないのです。

ダライ・ラマは、ダライ・ラマの「精神」にある。みなさんの中にもこう考える方は多いでしょう。「心や意識」こそその人自身であるという概念は、広く一般的な考え方で共感されやすいものです。

しかし、「精神」「心や意識」とはどのようなものなのでしょう。よく考えてみると、一言では説明できないほど色々な現象が見えてきます。たとえば痛みや快感を感じる身体の感覚も精神ですし、睡眠中に夢を見るのも精神ですし、高度な思考を行うのも精神ということになります。

このうちの何がダライ・ラマなのでしょうか？　人間らしい価値観の部分でしょうか。それとも生物的な感覚の方でしょうか。こう考えると、精神、心、意識というものが非常にあやふやなものであることがわかるはずです。

そもそも心や精神はどこにあるのでしょう？　実体があるのでしょうか。みなさんが考える心や意識というものは、単なるイメージだったのではないでしょうか。

このように、人間の存在を突き詰めて考えていくと、はっきりこれだと示せるものが何一つないことに気づきます。

それまでは「ダライ・ラマは目の前に座っているあの人です」と確かに言えたはずなのに、今はもうわからなくなっていることでしょう。今までダライ・ラマだと思っていたものは、実体のともなわない単なるイメージだったのです。そして「ダライ・ラマ」という言葉は、そんなイメージにつけられた「記号」に過ぎなかったのです。

あなたは「あなた」を見つけられますか

あなた自身の存在についても、これと同じことが言えます。

みなさんは「私」は確かにここにいると思っているでしょうが、「私」とは何を指しているのでしょうか？　どこに存在しているのでしょうか？

自分の存在を今まで疑ってみたことなどない方がほとんどでしょう。自分はここに確実に存在している、そう誰もが思っているはずです。そこにあえて疑問を投げかけてみましょう。ダライ・ラマの存在を追究したように、自分にもそれをやってみるのです。

自分の体、手足、頭の中……、一つ一つ確かめてみてください。身体のどこを探してみても、「私」というものを見つけることはできないでしょう。心や意識の中にあるのかと考えても同じことです。「ここに私がいた」と指し示すことはできません。

結局、私たちがこれまで考えてきた「自分」「私」というものもまた、単なる感覚や観念で捉えていたものに過ぎなかったのです。そこに何の実体もありません。

あなたの周りにいる人々は、あなたの姿や形、声やにおい、言葉や性格など、もろもろの要素の集合体を「あなた」と呼んでいただけだったのです。一つ一つを分解すれば、どれも決して「あなた」そのものではない。自分も他人も「あなた」を観念的に認知しているだけなのです。


ダライ・ラマとは何なのか、自分はどこにいるのか。

この疑問からそれぞれの実体を探してみましたが、どこにも存在しませんでした。肉体も精神も実体ではありませんでした。全ては自分が考えた観念に過ぎなかったのです。つまり「自我」だと思っていたものは「自我」ではない。そもそも「自我」に確固たる実体はない。

仏教ではこれを「無我」といいます。「我は無い」ということです。

実体がないのは人間の存在だけではありません。同じように様々な事象を追究しても、結局全てに確かな実体などないことがわかります。

つまり「無我」はあらゆる事象に当てはまる原則なのです。そのため、人間だけでなく、どんな事象についても「無我」と言い表します。ただし人については「人《にん》無我」、人以外の事象については「法《ほう》無我」と区別して言うこともあります。

全てに実体はなく、その本質は空である

あらゆるものごとに「実体はない」というこの本質を、仏教では「空」と表現します。

ただし大切なのは、「空」は「存在していない」という意味ではないということです。「存在していない」と「実体がない」は全く別物なのです。簡単に言えば、「そのものの有無」が存在であり、「確かな姿」というのが実体です。

どうしてもこれを混同してしまう人がいます。たとえば「すべての本質は空である」と聞くと、「私もこの世界も何もかも存在しないのだったら、何をしたって意味が無い、

何をしたって無駄だ」などといった「虚無論」を唱える人がいる。

「空」の理論を大成したインド仏教の僧侶・ナーガールジュナの論書『中論《ちゅうろん》』にも、同じような人が登場します。ナーガールジュナが「あらゆるものに実体はない」と「空の本質」を説くと、反対意見を唱える人々から「あなたの見解は間違っている。あなたの言うとおりなら、全てのものは一切存在していないということじゃないか。そんなはずがない」と、議論をふっかけられる場面があるのです。それに対し、ナーガールジュナは「あなた方は『全く存在していない』ことと『実体がない』ということを混同しているのだ」と答えています。

仮にあらゆる物事の存在を否定した場合、この世界には自分も含めて何もないということになります。でも自分が存在していないのなら、今この問題を考えている私たちは一体なんなのでしょうか。手を伸ばせば自分の体に触れることができるのに、それも存在していないというのなら、私たちは何を触っているのでしょうか。そしていま目に見えているあらゆるものは、全く存在すらしていないというのでしょうか。

そこで、簡単な例で説明しましょう。たとえば先ほど私たちは昼ごはんを食べましたね。食事を食べたからこそ美味しいと感じたし、空腹も満たされました。もしごはんそのものが存在していなかったら、そのような感覚や作用はなかったはずです。私たちは全くの空想の中で夢幻を食べたわけではありません。

つまり、ごはんは確かに存在したのです。ただし、それぞれ自分の味覚で味わい、自分の知覚で認識したに過ぎません。昼ごはんのいわゆる実体、確固たるありようというものは誰も捉えることができないのです。

このように究極的なレベルまで追究すると、あらゆるものは単なる個人の概念や世俗的な通念に過ぎないことがわかります。だからといって、存在や現象そのものが否定されることにはならない。

むしろ概念が生じるのは、その存在があるからなのです。存在すらなければ、それを表す概念も生まれません。何らかの認識が生まれたり、それについて語られたりしているということは、概念がどんなにめちゃくちゃだったとしても、存在しているということなのです。

「空」は存在があって初めて成り立つ概念です。物事は存在があって初めて認識されるけれども、どんな認識も単なる概念に過ぎないので、だからあらゆる実体は「空」である。こういうわけです。

この世界には二つの真理がある

しかし私たちの認識が実体ではないからといって、全くのデタラメかというと、決してそうではありません。

あくまでその事象の構成要素に基づいて認識を生み出しています。さまざまな要素から一部を切り取ったり、並べて意味付けたりしながら、自分の中の鏡に像を映し出しているようなものです。

それでは人間を認識するための構成要素とは何でしょうか。

仏教ではこれを「五蘊《ごうん》」という五つの要素に分けています。

一つは、姿、形、声や匂いなどの要素、すなわち「肉体（色蘊《しきうん》）」です。これに対して精神的な要素については、一くくりではなく四つの要素に分けて整理しています。それが知覚（受蘊《じゅうん》）・感情（想蘊《そううん》）・意志（行蘊《ぎょううん》）・思考（識蘊《しきうん》）の四つで、それぞれが精神を構成している一つの要素なのです。

仏教は、この五つの要素でもって人間が構成されていると考えています。そして人が人を認識するときは、この五蘊を組み合わせたり、一部を取り出したりしながら、その人の概念を勝手に作り出しているのです。つまり自分や他人の「自我」は、五蘊によって生み出された仮の姿なのです。

五蘊という構成要素がある以上、私たちの作り出す概念には一定の妥当性があります。実際、私たちは常に色々な物事を認識し、その概念でもって物事を考えたり生活したりしています。姿も見えるし、言葉も聞こえる。もちろんそこから生まれた概念に実体はないのですが、ある程度それは共有され、共通の認識としてはたらいているのも事実です。

たとえ究極的に実体がないとしても、普通の世界では「真実」である。これは認めざるをえません。つまり重要なのは、世俗的なレベルと究極的なレベルを分けて物事を整理することだったのです。

私たちは普段、世俗で生活をし、世俗的なレベルで物事を考えています。この段階では、私もあなたもこの場所にいて、お互いをはっきり認識しあっています。それはこの世俗的なレベルでは真実です。

一方で、その概念を突き詰めて考えた時、何の実体もなく、ただ存在だけしか明らかでない。人も五蘊も、物も現象も、全ては「空」である――。このこともまた、究極的なレベルにおける真実なのです。

このように、世俗のレベルと究極のレベルを分けて考え、それぞれ別の真理があるという考え方を、「二つの真理」という意味で「二諦《にたい》」と呼びます。世俗的なレベルの真理を「俗諦《ぞくたい》（世俗諦《せぞくたい》）」、究極のレベルの真理を「真諦《しんたい》（勝義諦《しょうぎたい》）」とし、それぞれ別の真理を認めているのです。

ただし、私たちは世俗的な観念の方に縛られているので、なかなか二つのレベルに分けて物事を実感するのは難しいものです。

チベットにも、なんとかこれを理解しようと瞑想している僧侶がたくさんいます。

実際にこの二諦を実感した人によれば、全ての物事の意味が消え、この世界が空っぽのような状態を感じながらも、同時に自分の肉体に触れてその存在を実感したそうです。つまり、究極的なレベルでは空であると悟りながらも、世俗的なレベルでは肉体の存在を知覚し、自分がここにいると捉えている。この二つのレベルの真理を実感したのだそうです。

『般若心経』には「空」を悟った瞬間が書かれている

この「空」の概念が説かれた有名な経典が『般若心経』です。

「空」を説いた般若経は多様かつ膨大にありますが、『般若心経』はその思想の真髄を短い形に圧縮したもので、まさに「空」の真髄が書かれていると言えます。

よく唱えられる機会が多いので、日本のみなさんにも馴染みが深いものでしょう。もともとはサンスクリット語で書かれていたものですが、普段みなさんが唱えているのは漢訳されたものです。日本のみなさんはこれを日本語ではなく漢文のままで唱えていますが、わたしたちチベット仏教徒はチベット語訳の『般若心経』を唱え、それを勉強しています。

それでは、これまで説明した「空」の概念をこの『般若心経』で見てみましょう(註・章末に『般若心経』を付記しましたのでご参照ください)。

この経典は、王舎城《おうしゃじょう》(古代インドのマガダ国の首都)の霊鷲山《りょうじゅせん》で、釈尊とたくさんの弟子たちが集まっている場面を説いています。このとき、その場にいた観自在菩薩が「空」の本質を悟るのです。

これが冒頭の「観自在菩薩　行深般若波羅蜜多時　照見五蘊皆空」という部分です。

「観自在菩薩が、般若波羅蜜多（悟りを得るための修行）を行なっていたとき、〝五蘊はみな空である〟と見極めた」という意味です。

前に紹介したとおり五蘊は人間を構成する五つの要素です。この五蘊に究極的に実体がないということを観自在菩薩は見極めたのです。

そこで、その場にいた舎利子《しゃりし》（シャーリプトラ）という弟子が「他の人も悟りを得るためには、どのように修行したらいいか」と尋ねると、「修行をする者はみな、五蘊が本質的に空であることを見極めなくてはならない」と答えます。

さらに「色即是空　空即是色」と観自在菩薩は続けます。この「色」とは物質的なものを意味する言葉で、そのまま訳すと「物はすなわち空である、空はすなわち物である」となります。これは「物質的なものは空である。空であることは物質的である」という意味です。

前半の「物質的なものは空である」は、肉体や物質はこの世に現れた現象に過ぎず、究極的には「空」なるものだということ。

後半の「空であることは物質的である」は少しわかりにくいかもしれません。これは、物事が存在していなければ「空」の性質は成立しない、物事が存在しているからこそそれが「空」なるものだといえる、という意味です。先ほど説明したことが、まさにこの短い一行で説明されているのです。

たった一文字に込められた真理

ちなみに、日本でよく用いられる『般若心経』は、「小本」というバージョンを漢訳したものです。サンスクリット語の原典には「小本」と「大本」があり、「小本」は教義のみが書かれているのに対し、「大本」には細かな設定や説明が書かれています。より詳しく正確に内容を理解するのであれば、ぜひ「大本」にも触れるとよいでしょう。

たとえば「五蘊もまた」はそのいい例です。冒頭の「照見五蘊皆空」をそのまま日本語に訳すと「〝五蘊はみな空である〟と見極めた」ですが、「大本」には「〝五蘊もまた、みな空である〟と見極めた」と書かれているのです。この「もまた」という追加の意味の言葉があることで、人を構成する五蘊だけでなく、あらゆる事象も「空」であるということが示されているのです。

このように、『般若心経』は、その短い経典の一言一言に「空」の本質が説かれ、意味が隠されているといえます。

ちなみに、『般若心経』以外にも、「空」を説いた経典はたくさんあります。たとえば『一字《いちじ》母《も》般若経《はんにゃきょう》』はその名の通り、教えがたった一字「ア（a）」だけなのです。この「ア」というのは否定を意味する一文字。この俗世にある現象は、私たちの目の前に現れているようには存在しない、という否定の意味がこの一文字に込められているのです。

逆に『十万頌《じゅうまんじゅ》般若経』『二万五《にまんご》千頌《せんじゅ》般若経』といった非常に長い経典もあります。「頌《じゅ》（偈《げ》頌《じゅ》）」とは二行四句から成る詩の型のこと。そして、それぞれの数字は、経典の長さが「頌」にしていくつの分量かを表したもの。つまり、『十万頌般若経』は頌十万個分、『二万五千頌般若経』は頌二万五千個分の長さという意味なのです。これらがいかに長いかがおわかりでしょう。

その他にも、般若経の解説書である『現観荘厳論《げんかんしょうごんろん》』には、「空」がさらに深く具体的に読み解かれています。また、般若経の流れを汲んだ『解深密経《げじんみっきょう》』は、「全ては自分の心がうみ出したものに過ぎない」と考える唯識派の流れを作り出しました。

「嫌いな人」を「空」として見てみると

さて、ここまで「空」の本質を説明してきました。なぜこれを理解する必要があったのでしょうか。

それは、私たちがいつもおおよそ実体のない感情や思い込みにとらわれて、真実を見誤ったり、幻想に苦しめられたりしているからです。「空」を知ることで、このとらわれから自分を自由にすることができるのです。

たとえば、あなたの近くにいる「嫌な人」を思い浮かべてください。特に、その人に怒りを覚えたり、憎しみを感じたりしたときのことを思い出してみてください。きっとその瞬間、あなたは相手の全てを憎み、本当に「嫌な人」だと思ったことでしょう。相手の言葉も振る舞いも何もかもが嫌だと思ったはずです。

でも冷静に分析すると、その時相手がたまたまとった行動や、自分に向けられた言葉だけで、相手の全てを判断していたことがわかります。それだけの、ほんの偶然の要素で人間そのものを判断し、「嫌な人間」だと決めつけ、それが相手の「実体」だと思ってしまうのです。

その相手にだって、仲のいい友人もいれば、その人のことを好きな人もいるでしょう。ひょっとすると、あなた以外のほとんどがその人を好きだということだってありうる。

つまり、「嫌な人間」というのはその人の実体ではなく、あなたが生み出した概念に過ぎません。むしろ自分自身の感情や観念の反映なのです。

知人の科学者からも、こうした人間心理は科学的にも証明されていると聞きました。

人は誰かに怒りを抱いた時、関係のない性質も含めて全てが嫌な人だと感じてしまうのだそうです。その人の全人格を否定し、人間そのものが怒りの対象になってしまうのです。

これは決してマイナスの感情にだけ言えるのではありません。愛情や好意といったプラスの感情にも言えることです。別に愛情を否定しているわけではありませんが、愛しい人はつい完璧で素晴らしい人に見えてしまい、どうしても執着してしまう。でもこれもまた、その人の絶対的な価値ではなく、あなたの「好き」という感情の反映にすぎないのです。

つまり同じ対象でも、見る人やその時の条件によって、評価や解釈は大きく変わってしまうということです。ある人にとっては素敵な人に見えても、別の人にとってはすごく嫌な人間に思えるかもしれない。見る人それぞれの視点や感情が、「幻」のような人のありようを作り上げているのです。

でも、絶対的な実体はない。絶対的に嫌な人も、絶対的にいい人もいないのです。

それなのに、なんの実体もない「空」の概念に、私たちは常に囚われてしまう。これが一番の問題です。それでも、この真理を自覚することによって、憎悪や執着の感情を幾分か減らすことができるでしょう。

こういった自らを苦しめる感情が減れば、心の平和につながるはずです。これこそが「空」を理解しなくてはいけない理由なのです。

『般若心経』（仏説摩訶般若波羅蜜多心経）

観自在菩薩　行深般若波羅蜜多時　照見五蘊皆空　度一切苦厄
舎利子　色不異空　空不異色　色即是空　空即是色　受想行識亦復如是
舎利子　是諸法空相　不生不滅　不垢不浄　不増不減
是故空中　無色無受想行識　無眼耳鼻舌身意　無色声香味触法
無眼界　乃至無意識界　無無明　亦無無明尽　乃至無老死　亦無老死尽
無苦集滅道　無智亦無得　以無所得故
菩提薩埵　依般若波羅蜜多故　心無罣礙　無罣礙故　無有恐怖　遠離一切顚倒夢想　究竟涅槃
三世諸仏　依般若波羅蜜多故　得阿耨多羅三藐三菩提
故知　般若波羅蜜多　是大神呪　是大明呪　是無上呪　是無等等呪　能除一切苦　真実不虚
故説　般若波羅蜜多呪
即説呪曰　羯諦羯諦　波羅羯諦　波羅僧羯諦　菩提薩婆訶　般若心経

第四章　苦しみや悲しみに負けそうになったら

圧倒的な悲劇を嘆くのは当然のこと

しかし、簡単に消えることのない強い悲しみがあるのも事実です。圧倒的な運命や悲劇を前にすれば、嘆き悲しむのは当然です。

特にこのたびの日本は、東日本大震災という凄まじい災害が起こりました。地震だけでなく、津波によって街がのまれ、原発事故で放射性物質が飛び散ってしまった。みなさんは凄まじい悲しみや恐怖を感じたことでしょう。私もあまりの痛ましさに涙を流さずにはいられませんでした。

たしかに日常のちょっとした嫌なことは、気分転換をしたり少し時が経ったりすればたいていすぐに消え去るものです。しかし、震災のような凄まじい悲しみは、簡単に忘れられるものではありません。一時的に忘れていても、ふと気づけば蘇ってきてしまう。消し去ることなどとてもできません。

とはいえ、震災の起きる前の世界に戻ることもできません。起きてしまったこの悲劇を、圧倒的な現実として受け入れるしかないのです。もちろんこれは簡単なことではありません。常日頃から精神を鍛えている人でも難しいことです。

たとえば仏教の開祖・釈尊も、生前に大きな悲劇を体験されています。釈尊の晩年、自分の釈迦族の国に隣国のヴィドゥーダバ（毘瑠璃《びるり》）王が攻め入ってきたのです。

戦によって多くの命が失われ、結局釈迦族は滅ぼされてしまいました。修行を重ね、普段は心を穏やかに保っている弟子たちも、これほどの悲劇を前にしては嘆きや悲しみを抑えることができず、怒りで心が乱されてしまったそうです。

このとき釈尊は彼らに、「亡くなってしまった人々は、もともとそうなる宿命にあったのだ。どんなに悔しがってもその運命を変えることはできない」と諭す一方で、「こんなにひどい現状にも為す術《すべ》がないとは、深い悲しみを抱くのも当然のこと。たとえどれほど強く宗教に帰依していても、その悲しみを消し去ることはできない」とも語っています。

『入菩薩行論』を書いたシャーンティデーヴァも同じようなことを説いています。「困難や苦境に立たされたときは、できる限り努力し、少しでも良い方向へ変えていかなくてはいけないが、自分にはどうしようもできないほど深刻な状況であれば、無力や非力だと自分を責めてはいけない」というのです。

悲しみが深いからこそ力になる

ただ、被災者のみなさんがずっと落胆し、嘆き悲しんだまま生き続けることは、とてももったいないことだと思います。あの危機から幸運にも生き残ったのですから、その人生を無駄にしていただきたくありません。

また、悲しみにつぶされたままずっと動き出さなければ、新しい変化やプラスへの転換は決して起こりません。亡くなった方がもしそんな様子を見たら余計悲しまれることでしょう。

もちろん深い悲しみや辛い記憶を消し去ったり忘れたりすることはできません。そうではなく、そのまま記憶に留めながら、前へ進む力に変化させるのです。

もし尊い人を亡くされたなら、その死の悲しみをしっかり胸に刻みつつ、その人のために自分はどう生きるべきか、これから何ができるかを考えましょう。その人の存在をこれからの人生の「軸」とし、記憶や意志を受け継ぐ者として「生きる決意」を強くし、前向きに生きていくのです。

街が破壊されてしまったことを悲しむ気持ちは、よりよい街を新しく作ろうという動機にしましょう。この逆境を、今の世界や私たちがより良くなるための力に置き換えるのです。そしてそうした決意はどんなことでも乗り越えられる強さに変わると信じています。

特に日本人は、何事にも励む勤勉な国民性と、非常に強い精神力を持ち合わせていますから、必ず立ち上がれることと思います。

私自身にも次のような経験がありました。非常に尊敬し、慕っていた家庭教師の僧侶が亡くなってしまったときのことです。普段であれば、どんなことにもなるべく感情に左右されないよう気をつけていたのですが、そのときはあまりに悲しく、そのショックをずっと引きずってしまいました。

でも、私は彼が生きている間に、たくさんの教えを自分に与え残してくれたことに気づいたのです。先生の教えを必ず実現しよう、意志を引き継いでいこう、そう思ったとき、悲しみは前向きな力や勇気になりました。彼の存在がとても偉大で、その死の悲しみが大きかったからこそ、決意はより強くなったのです。

もちろん震災に限らず、逆境に苦しむ人、悩みを抱える人、悲しみに心砕かれている人は大勢いるはずです。人生を生きていく限り、必ず何度も難しい状況に直面するものです。

しかし、落ち込んでいるだけでは前に進めません。なんとか乗り越えられるはずと自分を信じてください。その気持ち一つで次の一歩が踏み出せます。

そして、その逆境を成長できるチャンスだと切り替えるのです。そうやってどんな苦しみもプラスの方向へとコントロールしていってほしいと思います。

苦しみを分析すると見えてくるもの

それでは、苦しみをコントロールする具体的な方法とはどんなものなのでしょう。まずは、苦しみとはどのようなものであるかを知る必要があります。

このプロセスは、「幸せとはなにか」を考えたときと全く同じです。幸せを分析すると、外部刺激による反応としての外因的な幸せと、自分の精神によって生み出された自律的な幸せがあるとお話ししましたが、苦しみも同じように外因的な苦しみと精神的な苦しみがあります。

外因的な苦しみとは、自分にとって好ましくない状況に陥り苦しむものです。たとえば、病気になってしまったり、人間関係がうまくいかなかったり。そして、今回の震災もこちらに当たります。突然発生した地震によって数多くの災難が降りかかってきた苦しみは、まさに外因的なものです。

ただしこの類《たぐい》の苦しみは、その原因さえなくなれば取り除かれるものです。薬で病気が治療できれば問題ないですし、人間関係がうまくいくようになればその苦しみは当然なくなります。

ところが今回の震災はどうでしょう。地震そのものはすぐに収まり、津波もすでに引き、街は少しずつきれいになっている。震災そのものの傷跡は徐々に消えていきつつあるのに、みなさんの心の苦しみや悲しみはなかなか収まっていないように思います。

もちろん復興の道のりがまだ遠い状況を考えますと、苦しみの原因がすぐなくなるとは言いづらいでしょう。それでも、今日も被災者の方が、「悲しいことは少しずつ忘れていきたいけれど、時々ふと強い悲しみがわき上がってきてしまう。それを乗り越えていくにはものすごい時間が必要だと思う」とおっしゃったように、苦しみがむしろ強くなっていると感じる人さえいるのです。

実は今、震災で生じた苦しみが、外因的なものから精神的なものへ変化しているのではないかと私は考えています。

もともとの苦しみは、地震という外部刺激によって引き起こされたものでした。地震そのものの恐怖、家族や故郷をなくした悲しみ、そういったものだったのです。

しかし、徐々に苦しみや悲しみ自体がひとり歩きをするようになった。精神を飲み込み始め、自分で苦悩を新たに生み出すようになっているのではないでしょうか。自分で自分を苦しめ、悲しみを自分で強くしている。少しずつその傾向が強くなっているように思います。

外因的な苦痛については原因を取り除けば改善されますが、自分で生み出した自律的な苦痛はそういきません。自分の心や考え自体を変えなくては、その苦しみはなくならないのです。

敵を大きくしているのは自分

そこで、苦悩を生み出している自分の心を見つめてみましょう。そして自分の苦しみがどのようなものかを考えてみます。

ところが考えれば考えるほど、わからなくなってくるはずです。

確かに苦しみや悲しみを感じているのに、それがどのようなものか言い表せない。押しつぶされそうなほど深く大きなものだと思われたのに、どこにあるのか見つからないでしょう。どこにあるのか、どんなものかわからない。苦しみとはそれほどまでにあやふやな概念なのです。

「苦しんでいる自分」というイメージも同じです。「私はいま苦しんでいる」「私は不幸だ」というのは、そう自分で認識しているに過ぎません。そのような自分がどこかにいるわけでも、誰かが規定したわけでもない。

つまり、苦しみにもまた実体がないのです。あなたの苦しみも、苦しみを感じているあなた自身も、その実体はありません。すべてあなたの観念に過ぎず、あなたがそう認識しているだけなのです。

もちろん、それが全くのまやかしであるという意味ではありません。あなたが苦しみを感じているという現象は、確かにあるからです。

しかし、苦しみの実体がないために、自分が意識すればするほど大きなものに感じられ、強固なものに思えてしまうのです。もはや自分自身で苦しみを増幅し、誇張してしまっている人が多いのではないでしょうか。

苦しみだけではありません。恐怖、猜疑、憎悪、絶望……。あらゆるマイナスの感情は、どれも自分で生み出し、自分でそれを強め、そしてそれに自分が苦しめられている悪循環に陥っています。

もしあなたが誰かに怒りや憎しみを抱いたとします。そんなときは少しだけ立ち止まって考えてみてください。私はどうしてこんなに怒っているのか、本当に相手は憎むべき人間なのか、と。

すると、相手自身に実体はまるでないのに、自分が勝手にマイナスの解釈を膨らましていることに気づくはずです。ちょっとした言動で「この人は敵だ」と思い込んでしまっていただけなのです。

ずっと説明してきたとおり、この世界の事象に実体はないのです。「嫌な人の存在」「怒りを覚える言動」はときに絶対的な実体に思えますが、論理的に考えていくと結局は実体が見つからず、「空の本質」に突き当たってしまうでしょう。

このマイナスの感情から抜け出すためにも、物事の本質は全て「空」であるということを改めて見直しましょう。自分を支配している苦しみや憎しみには実体がないことをはっきりと自覚するのです。そして自らの知性でそれを良い方向へと転換させましょう。

また、相手の言動に怒りを覚えたり、思い通りにいかないと悩んだりするときには、その裏に利己的な考えがあることにも気づかなくてはいけません。自分さえ良ければいいというエゴが膨れ上がり、それが裏切られたために心が乱れているのです。

もちろん、ことはそんなに簡単ではありません。実践していくには難しいことも多いでしょう。しかし、この習慣を常に意識化し、少しずつ心を訓練していくのです。

そう考えることで、感情に振り回されず、冷静に対処することができるようになります。理由のないまま感情が膨れ上がることは減り、その感情の強さは徐々に和らいでいくでしょう。すぐに苦しみが消えるわけではありませんが、やがてはそれをコントロールできるようになると思います。

行為と人格を切り離して考える

人と接する際には「実際の言動と本人の意思を切り離して考える」ということも大切です。

たとえば誰かが間違った行為をし、周囲がこれを問題にするという場面を想像してみてください。

このようなとき、私たちはつい行為と人間を直接結びつけてしまい、相手の全人格を否定したり、怒りから実体のない人格を創りだしたりしてしまいがちです。あるいは逆に、相手を甘やかすあまり、間違った行動を咎めることなく許してしまう。

そうならないよう、相手とその行為をきちんと分けて考えることを心がけてください。もし行為に問題がある場合、純粋にそれだけに焦点をあてて、過ちや間違いを追及すべきです。行為だけを問題にすることで、情に流されることなく、厳しく処することができます。

一方、行為のみを追及することは、すなわちその人自身を許すことにつながるのです。これこそが本当の愛や慈悲のあり方だといえるでしょう。行為と人格が一体化したままでは、感情論になって問題解決にもならず、許しは単なる甘やかしになってしまいます。

これは、他人だけでなく、自分自身に対しても有効です。

たとえば、意図せず相手を傷つけてしまったり、迷惑をかけたりしてしまい、悩むことがあるでしょう。今回の震災でも、原発事故で日本中に迷惑をかけたことを申し訳なく思っている福島県の方がいると伺いました。

しかし、その人に悪意や故意がなかったのであれば、自責の念に駆られる必要はありません。大事なのは心の動機です。たとえ自分の意図していないことが発生してしまっても、必要以上に悩みを抱えることはありません。

むしろ私はその福島の方の話を聞いて、非常に優しい方なのだと思いました。相手の痛みや苦しみを、我がこととして受け止めていらっしゃる。ぜひ自分のことを許してあげて欲しいと思います。

子どもを叱るときに気をつけること

誰かを叱らなくてはいけないときには、「心の動機」をまず見つめ、自分の感情をきちんと整理しなくてはいけません。

まず前提として相手を思う気持ちがあるかどうかを確かめる。教育には愛情や慈悲がベースになくてはいけません。もしそうではなく、相手を懲らしめたい、相手を苦しめたいという気持ちがどこかにあるのであれば、あなたには教育をする資格はありません。

しかし、相手のためを思い、根底に愛や慈悲があるのであれば、怒ったり叱ったりすることは決して悪いことではありません。大事なのは「心の動機」の問題です。

ただし、ただ感情のままに叱ってはいけません。もちろん指導法の一つとして、厳しい言い方の方が相手に響くという判断があったのならいいのですが、ただ感情のままに怒りをぶつけたのでは本末転倒です。

特に親は子どもを愛するあまり、感情が先に走ってしまいがちで、すぐに我を忘れてしまいます。だからこそ理性を使うことを心がけ、常に冷静な目を持つよう注意しなくてはいけません。

ただし、多少声を荒らげたり強く叱ったりというのが、そのとき有効な手段であれば、私は問題ないと思います。お母さんの中には、「ひどいことをしてしまったのでは」と叱った後に悩んでいる方がいます。でも、子どものためを思った教育ならば自信を持ってください。

ただし、子どもがどのような反応を示したか、それが効果的であったか、きちんと観察してください。それをよく見ぬいた上で、最も子どもに合った教育方法を知性的に探していただけたらと思います。

優れた知性は悩みが深いというジレンマ

このように人は知性や理性で感情をコントロールできる生き物です。豊かな知恵を用いて深く思考すれば、否応なしに湧き上がってくる感情にも簡単にのみこまれず、冷静にそれを見つめて整理して、少しずつ軽減できるのです。

どうしようもなく辛く厳しいことが起きても、その状況を嘆き悲しむのではなく、それを変えよう乗り越えようという方向転換ができるのも、知性や理性のはたらきです。

もし人間にそれができなければ、睡眠薬を飲んで眠ったり、お酒を飲んで酔っ払ったり、そういう身体的なごまかししかできなくなってしまいます。

ただ逆に、この知性が「悩み」や「心配」を生んでしまうのです。

たとえば「僕はすぐに悩んでしまう性格です。将来も不安でたまらない」とおっしゃった十七歳の青年がいました。彼のように悩んだり不安になったりするのも、実は知性が作用しているからです。

考えてみてください。動物の多くに痛い苦しいといった感覚はあるけれども、悩んだり心配したりはしない。感覚器官による知覚はあっても、知性は持ち合わせていないからです。知性がない分、感覚器官が人間より発達しているのかもしれません。

しかし人間には非常に優れた知性、理性があり、物事を思考することができます。知性があるからこそ、現実にない事象を想像したり、様々な問題を追究したり、論理的に判断したりできるのです。これは動物にはない、人間の素晴らしい資質です。

ただし、この知性はときにマイナスの感情も生み出してしまいます。たとえば現実に起きていないことを勝手に想像しては、それを不安に思ったり期待したりする。また、人の感情や思惑を計りながら悩みや猜疑心を抱える。むしろ知性が強くはたらく人ほど、このような状態になりやすいのです。

私自身も若い頃は、同じように漠然と悩んでいました。何かの結果を欲しがったり、いいことが起きないかと期待したり、いつも欲求不満だったり。実は今でも似たような思いが時々湧き起こります。

このように、知性をネガティブに使ってしまい、自らを不幸や苦悩に陥れている人がかなり多いのです。

それでも知性は、人間が持っている素晴らしい資質です。これによって、物事を冷静に多角的にそして建設的に見ることが可能です。感情を乗り越えたり、苦しみを分析して理解したり、長い目と広い視野を持つことは、知性のある人間しかできないことです。この知性をぜひポジティブに使っていきましょう。不幸になるために知性を使うのはもったいないことです。せっかくですから、幸せになるために使うのです。

知性というものは、使い方次第で不幸にも幸せにもなる——このことを忘れてはいけません。

第五章　心を鍛えるにはどうしたらいいか

生物は煩悩から逃げられない

私たちはこのように、実体のない事象にいつも思い悩んでいます。誰かを憎んだり、日々に不満を持ったり、持っていないものを欲しがったり……。相手や現状に原因があるように思ってしまいがちですが、結局は実体のない概念にとらわれているがゆえに、こうした感情が湧きあがってくるのです。

こうした心のはたらきを、仏教では「煩悩」と呼びます。

俗世界に生きている私たちは、どうしてもこの煩悩から逃れることができません。自分の目に映る像、心に湧き起こる感情を無視することができないのです。全てのものが「空」だと頭でわかっていても、自分で作り出した概念に過ぎないと言われても、それを断ち切ることができません。

人間だけでなく、この世界に生きている生物はどんな種類だろうと、何かを感知し、何らかの認知をしています。そしてそれにとらわれざるをえない。つまり、生物である以上、煩悩から逃れることは非常に難しいのです。

私たちは生きている限り、必ず煩悩を持ってしまう。これを突き詰めると、「生きていることは煩悩を持つことであり、そして煩悩を持ち続けることはずっと苦しむことである」という結論にたどり着きます。仏教が「この世に生まれてくることは苦である」と説くのにはこういった理由があるのです。

生まれてくることは「苦」であるということ

こう説明しますと、「知性で苦しみをコントロールしよう」と言っていたのにどういうことかと混乱される方がいるかもしれません。

しかし「苦」と一言で言っても、そこには様々な種類、いくつかのレベルがあるのです。今お話しした類の苦しみは、日常の苦痛とは質が違うものです。仏教では、「三苦」

として苦を三種類に分類して考えますので、そこから整理してみましょう。

まず一つ目はいわゆる感覚的な「苦」（苦苦《くく》）です。痛み、寒さ、怒り、恐れなど外的な刺激によって生じる苦しさです。

二つ目は状況にともなう「苦」（壊苦《えく》）です。夢がかなわない、仕事がうまくいかない、不幸な境遇だ……といった、うまくいかない現状に苦しむというものです。

この二つは、外的要因を取り除いたり、状況が変わったり、心をコントロールしたりすれば解消することができます。私が前に心をコントロールしようとお話ししたのも、この苦しみについてでした。

一方で、三つ目の「苦」（行苦《ぎょうく》）は「生まれてきたことそのものの苦」です。

さきほどお話ししたとおり、精神を持った生物は必ず概念にとらわれてしまいます。人は常に煩悩によってものを考え、煩悩の影響下で行動してしまう。

どこにいてもどう生きても、それから逃れられない。それは生から苦を切り離すことができないからです。生まれてきた時点で、すでに苦しみが内在しているわけです。

このため、この三つ目の苦悩から抜け出すのは、非常に難しいことです。命があるかぎり、この苦しみはついて回るのです。

解脱はゴールではなく通過点である

結局私たちはいつも煩悩に苦しめられながら生きていて、それでも煩悩を捨てることができずにいます。仏教では、この煩悩がある限り、煩悩がはびこるこの俗世にとどめ置かれ、死んでもまたこの世界に生まれ変わり、苦のある生涯を繰り返し送り続けると考えられています。これが「輪廻」です。

この輪廻から抜け出す唯一の方法は、煩悩を完全に断滅することです。そうすれば、煩悩によって悩み苦しむことがなくなりますし、実体のないものがはびこる俗世から抜け出して、究極の世界に身を置くことができます。

釈尊が初めて教義を説いたことを「初転法輪《しょてんぼうりん》」といい、「四聖諦《ししょうたい》」という四つの聖なる真理を説きましたが、この内容はまさにこのことです。

一つ目の真理は「苦諦《くたい》」、生まれてくることは苦であるという真理です。二つ目は「集諦《じったい》」、その苦は煩悩のはたらきによるものだという真理。三つ目の「滅諦《めったい》」はその煩悩が滅すれば苦がなくなるという真理を表し、四つ目の「道諦《どうたい》」には煩悩を滅する方法があるという真理を説いたのです。

つまり「生まれてくることは苦しい。それは煩悩が原因だ。煩悩がなくなれば苦も消える。そしてその方法は存在する」と説いたということです。この四つはまとめて「苦集滅道《くじゅうめつどう》」とも呼ばれています。

そして、この真理のとおりに煩悩による妨げや障り（「煩悩障《ぼんのうしょう》」）を断滅し、そのとらわれから解き放たれることを「解脱《げだつ》」といいます。

ただし、解脱というとどこか遠くの世界へ抜け出すようなイメージがあるかもしれませんが、これはあくまで本人の心のなかの現象です。心が変容し、解脱するのです。

実は、この時点での解脱はまだ完全ではありません。全てが「空」だとわかり、実体にとらわれることがなくなったとしても、この世の真理が見えるようになったわけではないからです。

この全てを知ることのできる智慧を「一切智《いっさいち》」といい、一方でそれを妨げようとするものを「所知障《しょちしょう》」といいます。よく「煩悩障の残りかす」と表現されます。

人はずっと世俗で生きてきました。そのためたとえ解脱したとしても、見える景色まですぐに変えることはできないのです。概念は実体でないと完全に理解し、一切惑わされることがないものの、概念は概念としてしかまだ認識できないのです。この状態では、世界の全容、あらゆるしくみ、そういった究極のレベルの景色はまだ見えません。これが「所知障」です。

煩悩障を断ち切った後、さらに所知障も滅しなくては、修行は完成しないのです。

誰でも仏陀になることができる

修行を重ね、煩悩障も所知障も滅して、ついに一切智を手に入れるとどうなるか――これを「悟り」といい、この人をまさに「仏陀」「仏」と呼びます。

仏教を開いた釈尊は、修行の末についに「仏陀」となりました。ただし今のところは、釈尊ただ一人しか仏陀になれていません。

ただし、仏陀になる可能性は誰にでもあります。この可能性を「仏性《ぶっしょう》」といいます。いくら煩悩にまみれていても、それは実体という幻によって引き起こされているだけで、心自体が汚いわけではないからです。心に巣食っていた煩悩という汚れが取れれば、もともとのきれいな心が現れます。

経典『如来蔵経《にょらいぞうきょう》』にも、「どんな人間の心も、その本質は汚れもよどみもない清らかなものだ」と書かれています。誰もが少なからず「よい人間でありたい」と願うのも、この清らかな心による「自性清浄心《じしょうしょうじょうしん》」があるからなのです。

チベット語では悟りのことを「チャン・チュプ」と言います。チャンは「滅する」という意味があり、浄化すべき汚れを全て滅するという意味で、「チュプ」は「完全に得る」という意味で、煩悩を滅し、全ての優れた資質を得て、仏陀の境地に達するという意味が込められています。

ちなみに、人が仏陀になったとき、その体や姿はどうなるのでしょう。悟りの境地に達し、輪廻から解き放たれた人はどう見えるのでしょうか。

とらわれのない究極の段階へいくと、人はその本性《ほんしょう》だけとなる、そう考えられています。色も形も関係ない、真実そのものになるとされています。つまり、そのありようは、普通の人間の感覚器官を通じて見ることができないレベルなのです。

ですから、仏陀になった釈尊もその瞬間に「本質的には見えなくなった」とされています。しかし、そのとき釈尊はまだ生きていましたし、その間は肉体もありましたから、当然周囲の人々にその姿は確認されていました。

これは一体どういうことでしょう。これを読み解くにあたっては、仏陀となった釈尊の姿、すなわち「仏身《ぶっしん》」には三つの相があるという解釈がなされています。

その一つの「法身《ほっしん》」は、いまお話しした究極の本性のことです。見る方も仏陀になり、同じように究極の段階に至らなくては認知することはできないものです。

一方で「化身《けしん》」とは、いわゆる人間の形をした姿です。普通の人間が「人」として認知でき、目で見たり触ったりできる、世俗のための姿です。

その中間の相として「報身《ほうじん》」があり、これは修行を積み、さまざまな真理が分かった人だけが、その概念を捉えることができるとされています。

いずれにせよ本性は法身であり、報身や化身はこれを土台にして、俗世にあわせて生じたものです。

ここまでお話ししたとおり、全ての煩悩を断滅し、この世の苦悩から解脱し、そして一切智を得ることは大変難しいことです。仏陀は究極の段階にあり、これまでこの境地に達することのできたものは釈尊しかいないとされています。

もちろん、私もこの段階にはありません。さきほど「ダライ・ラマ法王は生き仏と言われていますが」とおっしゃった方がいましたが、私自身そのような自覚は全くありません。

仏陀はこの世界の全てを悟ったものですが、私はとてもそんな高い悟りの境地に達していません。私はただの一人の人間で、みなさんと何も違いがないのです。強いて言えば、私の方がみなさんより長く密教や仏教の勉強をしているため、少々知識が多いということぐらいでしょうか。

もしくは、仏教を熱心に勉強していた前世の力が、今の私にはたらいているのかもしれません。もちろん私も前世を正確に認識することはできないのですが、そのような存在をよく感じ取ることがあるからです。

悟りの境地へのアプローチ

仏陀になるのはたしかに難しいことです。それでも仏教徒は、常に仏陀を目指して努力していかなくてはいけません。

煩悩を少しでも減らし、悪い行いをしないように努め、究極的にはこれを断滅して、真理を全て知り、仏陀になる。これこそが仏教の究極の目的です。

「四つの聖なる真理」は「悟りの境地へ至る方法がある」というものでしたが、その方法とはどのようなものでしょうか。たくさんの経典にはそれぞれ具体的な方法が書かれ、宗派によっても色々な方法があみだされています。

大乗仏教や密教では、悟りの境地に達するには二つのものが必要だと考えます。一つは動機となる「菩《ぼ》提心《だいしん》」を持つこと、そしてもう一つは「空の智慧」を持つことです。

まず一つ目の「菩提心」とはどういうことか。

これは、煩悩を断滅し、輪廻から抜け出して悟りの境地へ達したいと願う動機のことです。しかし、自分だけ救われればいい、自分だけ苦から脱出できればいいというのでは煩悩の域を出ません。自分だけでなく、命あるもの全てを救いたい、全ての苦を取り除きたいと思うことこそ「菩提心」なのです。

ただし菩提心は、修行を進めないと持つことのできない非常に大きな慈悲の心です。まず最初は、悟りの境地に達したいと思う気持ちから始まります。この芽生えを「大乗の気質」が覚醒したといい、ここが修行の第一歩です。

もともと「大乗」は、他者を救うために仏陀を目指して修行する人の仏教です。経典の中にある「善男子・善女子」という表現も、大乗の気質を得て、仏陀を目指す人を指しています。逆に、もし大乗の気質がまだ覚醒しておらず、普通にただ生きているのであれば、真の大乗仏教徒とは言えないでしょう。

空の智慧を知り、考え、同化する

もう一つは「空の智慧」を持つことです。

「空」をただの知識として知っているだけではいけません。これを自分の中で理解し、自分がそれに「同化」してこそ智慧を得たといえるのです。

このプロセスを「聞思修《もんししゅう》」といいます。

「聞」の段階では、まずは仏教の教えを知る。つまり「実体にとらわれていること」「無我であること」「ものの本質は空であること」をまずはきちんと学ぶのです。仏教にはたくさんの経典や書物がありますから、色々テキストを読んでいただければと思います。

そしてこの知識を自分の中で考えぬくことが「思」の段階です。ただ知識を得るのではなく、繰り返し繰り返し自問自答し、完全に理解し確信する必要があるのです。釈尊の説くことでさえ疑い確かめ、あくまで自分の知性と実感で理解することが大切です。

こうして確信を得たら、瞑想によってそれを自分自身になじませ同化する。これが三番目の段階の「修」です。少しずつ長い時間をかけて「空の智慧」が本当になじんだとき、ついにとらわれから自由になり、実体なきものに動揺することはなくなり、心は常に穏やかでいられるでしょう。

この修行で必要なのは、穏やかで静かな心と鋭い洞察力です。そして心を静めることが「止」であり、洞察力を「観」としています。この止と観をあわせて「止観《しかん》」と呼び、瞑想のことをさします。


こうした修行の方法は、他の経典にも書かれています。

たとえば先ほど読み解いた『般若心経』の最後には、「ガテーガテー　パーラガテー　パーラサンガテー　ボーディスヴァーハー（羯諦羯諦　波羅羯諦　波羅僧羯諦　菩提薩婆訶）」という文言を唱えます。

実は「ガテー」は「行く」という意味。この文言の中には何度も「ガテー」が出てきますが、それぞれが悟りの境地に「行く」までの「五つの道」に対応しているのです。

一つ目の「ガテー」は「資糧道《しりょうどう》」。これは「四つの聖なる真理」や「他人への慈悲」など基本的な概念を学ぶ段階です。二つ目の「ガテー」は「空」を理解する「加行道《けぎょうどう》」、三つ目の「パーラガテー」が煩悩を断じる「見道《けんどう》」、そして四つ目の「パーラサンガテー」が「所知障」を断じる「修道《しゅどう》」という順で、だんだんと悟りに近づいていきます。そして最後に悟りの境地に達することを「ボーディスヴァーハー」というわけですが、これは「無学道《むがくどう》」ともいい、すでに学ぶことがないという意味で、あわせてこれを「五道《ごどう》」ともいいます。

このような見解は、般若経の解説書である『現観荘厳論』に書かれています。般若経の内容をより詳しく読み解くと共に、隠された意味を解き明かし、具体的なアドバイスが書かれています。たとえば、人間の構成を示した「五蘊」や、修行の際に実践するべき事項をまとめた「八正道《はっしょうどう》」なども、ここに書かれています。

また、この「五道」以外にも、小乗仏教の「三十七道品《どうほん》」、大乗仏教の「六波羅蜜《ろくはらみつ》」など、様々な修行の段階の指南が存在しています。

このように、「菩提心」と「空の智慧」をあわせ、教義を勉強したり実践の修行を続けたりしながら、段階ごとに丁寧に修行をすすめることで、人は必ず変わることができます。少しずつ、でも確実によい方向へと変化していきます。

私自身、長い時をかけてこうした修行をずっと続けて参りましたが、自分でも昔よりずいぶんとよい方向へ変わってきていることを実感しています。

仏教の勉強を疎かにしている僧侶たち

しかし、今はこれを疎かにしている仏教徒が多いことを危惧しています。

たとえば、瞑想ばかりして勉強を疎かにしている僧侶が多い。また、日本ではよく禅を組む修行が行われていますが、ただ座っているだけの人が多い。

知識のないまま瞑想をしても意味はなく、悟りに近づくことすらできません。きちんとした勉強と瞑想があわさって初めて価値があるのです。この時初めて仏教を実践し、高め、守ることができるでしょう。

ちなみに私の所属するチベット仏教は、非常に小さなコミュニティです。少人数であるがゆえに、きちんと知識を学び、教えを途切らせることなく継承することができた。それについては誇るべき部分だと思っています。

チベットに仏教を広めた高僧・シャーンタラクシタも、仏教の教えをきちんと学ぶことを重視していました。しかし当時は、インドからそのまま経典を持ってきただけで、チベット語ではありませんでした。そこで「チベット人はチベット語で経典を読み、自分たちの言葉で仏教を学ぶべきだ」と説き、大量の経典が翻訳されることとなりました。その数は、経典が約百巻、それに対する注釈書が約二百二十五巻にも上りました。

この結果、チベット仏教はインドのナーランダー大僧院の伝統を引き継ぐものとなりました。ここで指導されていた教えは仏教の基礎であり、根幹であり、土台となる一番いますと。

大切な教えです。チベットでも、全ての仏教徒がこれを学ばなくてはいけないとされています。

このように説明しますと、「チベット仏教は密教なのだから、師匠だけが弟子に教えを伝えるのではないのか」と不思議に思われる方がいるかもしれません。たしかにチベット仏教は、師（ラマ）の個人的な教えや体験を弟子だけに説くという修行が、重要な柱として取りいれられています。

しかし、師の教えが何を意味するのか理解したり、自分で検証したり、ときにはそれに疑問を持ったりするには、当然一般的な仏教の基礎をきちんと知らなくてはいけないのです。

残念ながら、経典をお寺の戸棚に飾ったままだったり、経典自体を崇めたりしているような方々がいます。そうでなく教科書のように普段から手に取り、毎日それを読むこと。そこから少しずつでも何かを学び取ること。それが大事なことなのです。

お寺も仏像も何も教えてくれない

また、儀式やお祈りばかりしていても、そこに救いはありません。

正直に申し上げれば、チベット人の中にも儀式ばかりを重んじて、本当に大事な勉強や修行を疎かにしている人が多い。これは我が国だけではなく、他の国でも見られることです。

たとえば中国人は、立派なお寺を建てたり、大きな仏像を立てたりすることにとても熱心です。もちろんお寺や仏像を建立するのは良い行いなのですが、それで仏陀になれるというわけではありません。いくら仏像を作ろうとも、仏像はあなたに何も語ってはくれません。

日本でもこうした状況があるのではないでしょうか。

たとえば、お寺でお祈りしたりお願いごとをしたりするだけの方がいますが、それだけであなたの願いは成し遂げられません。

たしかに仏教徒は「三宝《さんぽう》に帰依する者」と言われるように、仏や僧に帰依する者という捉え方もあります。もちろんその存在によって、心が穏やかになったり、慈悲を高めたりするきっかけになれば、それはそれでいいことです。

しかし、仏像も僧侶もあなたを救ってくれるわけではありません。あなた自身が自分の心と向きあわなくてはならない。

今回の講演の中では、お布施を積めば救われるのか、高いお金を出して戒名をつければあの世で幸せになれるのか、という質問もありました。しかし、自分の苦悩を取り除いて心の平和を得るには、自分で仏教の教えを学び、実践し、煩悩を減らす以外に方法はありません。他人に払うお金は全く関係ありません。

仏教に神様はいません。自分を救えるのは自分だけです。自分で学び、自分で心を鍛錬し、自分で答えを見つけなくてはならないのです。誰かの助けに逃げたり、自分の努力を怠ったりしてはいけないのです。

第六章　数式では測れない心というもの

科学は精神を捉えられていない

ここまで、心をどのように整え鍛えるかについて、仏教の教えに基づいて説明してきました。しかし、自分は仏教徒でないから関係ない、非科学的だ、そう思われる方がいるかもしれません。

たしかに心のはたらきや意識のありようは、計器や器具を使って測ったり調べたりできるものではありません。また、数式に基づいて計算し、導き出せるものでもありません。

だからといって心や意識の存在を否定することはできないでしょう。そのありようを考えたり、コントロールしようとしたりすることは、非常に意義のあることではないでしょうか。

むしろこれまでの科学は、数式や実験で捉えることのできる現象ばかりを重視してきたように思います。計算や数式によって全てが説明でき、数理学的なアプローチで全てが解明される、一部の人はそう頑《かたく》なに信じていました。

しかし、これほど科学が進歩した今でも、解明できないことがまだたくさんあります。最先端の技術や知識をもってしても、発見できない現象や説明できない現象が山のようにあるのです。

とりわけ精神や感情という分野において、科学的な研究はあまり進んでいません。科学は、眼に見えないものや数字に置き換えられないものについて、なかなかアプローチしづらく、研究対象として扱いづらかったのでしょう。

一方で、私たち仏教徒ははるか昔より、精神のはたらきや意識のありようを考えてきました。たくさんの人間がこれを研究し、議論し、実践し、少しでも真理に近づこうと多くの時間が費やされました。数多くの経典やテキストが書かれ、仏教徒たちがこれを日々勉強しています。これまでお話ししてきた空の本質や精神を高める方法も、こうしたプロセスの末にあみだされたものです。

この分野に関しては、たとえ最先端の科学でも、私たちほど追究や解明ができていないのではないでしょうか。科学者よりも仏教の学者のほうが、教えられること、知っていることが多いかもしれません。実際に一部の科学者たちは、仏教のことを「心の科学」と呼んでいます。

脳科学者たちも意識が何かわからない

脳科学者の茂木健一郎さんからも、このような質問をいただきました。「実はわれわれ脳科学者はとても大きな問題を抱えています。それは『意識』の問題です。科学者はこれを全然解明できていないんです。

たとえば、私たちはいま光を感じたり、音を感じたり、あるいは体のだるさや疲れを感じたりしています。この現象を科学的に解釈すると、脳内にある約百億個の神経細胞やニューロンが外部刺激に反応している、ということになるでしょう。

でも、この解釈に従うと、いわゆる『意識』というものは存在していないことになります。脳のシステムは大変複雑ですが、意識はどこにも見当たらない。神経細胞の内部はさらにたくさんの分子で構成されていますが、この一つ一つを取り出したところで、どこにも意識は発見できないのです。

たしかに二十世紀は、科学の力でもって脳を全て解明できると思っていました。脳の分子の動きをコンピュータでシミュレーションすれば、意思や感情といった問題もすべて理解できる、そう信じられてきたのです。

ところが現在、最先端の脳科学をもってしても、『意識』について全然解明できていない。『意識を持つとはどういうことか』『意識は存在しているのか』、これをどう説明するべきか、どう調べていいのか、見当すらつかない。全くの無力なんです。科学的な見地、科学者の立場で言えば、もはや意識は『存在してはいけないもの』なのです。

私は北米神経科学学会に参加していますが、そこにいる三万人以上の脳科学者も、みな意識についてはうまく説明がつかないでしょう。

とはいえ、私たち自身も『意識はある』と認識しています。意識については、これから一番真剣に考えなければいけないことの一つだと考えています。

一方で仏教の方々は、長い伝統の中でずっと意識の研究を重ねています。そこで、仏教では意識をどのようなものと捉えているか、ぜひお伺いしたい」

輪廻には論理性がある

たしかに、意識や精神というものは、目で確かめたり、計算したりできるものではありません。たえずそれと向き合い、検証し、研究し、修行をし、ようやく少しずつわかってくるものです。大切なのは、固定観念を持たず、現実に起こっている様々な現象をつぶさに観察することです。そして部分をつなぎあわせて全体像を把握することです。

たとえば、「意識」とひとことで言ってしまいがちですが、細かく分析していくと、そこにはいくつもの段階があることがわかります。

一番わかりやすいのは、今こうやって話したり、なにか活動していたり、考えたりしている時の意識というものです。はっきりとした覚醒状態の中で、高度な思考活動を司っています。一番表面的でわかりやすいレベルの意識ともいえます。

一方で、眠っているときにも意識ははたらいています。このときの意識の状態は、夢という形で分析することができます。不思議なことに、このとき私たちは目でものを見ることはできていないのに、夢の中の私たちの意識の中では「ものが見えている」のです。つまり、覚醒時の意識とは明らかに違うはたらきをしているということです。

深い睡眠状態や麻酔がかかっているときなどは、意識はどうなっているのでしょうか。外部からの刺激にほとんど反応しませんし、後からはっきりと思い出せるような夢を見ることも少ない。このため、その間の意識がどのようなものかははっきりわかっていません。しかし、意識がなくなっているかと言えば、それは存在している。覚醒状態とは明らかに違う性質の意識が確かにはたらいているのです。

それでは、死後に意識はどうなるのか。科学的な見解は、人の生命活動が終わった後、意識も失われるというものでしょう。でもそれはあくまで、意識は脳細胞のはたらきに過ぎないという仮定の上での話です。

実際、そのときの意識のありようは、死者以外誰も把握できません。科学もまだ意識を解明できていない。私たちは、どのような可能性も排除せず、様々な現象を分析しながら論理的に検証しなくてはいけないのです。

たとえば、医者からすれば非科学的だと言われそうな次の事例も、私はとても興味深く捉えています。

少し前にあるチベット人の僧侶が、ニュージーランドの病院で亡くなりました。心臓は完全に停止し、脳波の反応もなく、病院では完全に死んでいると診断されました。ところが体温がいつまでも下がらず、病院から搬送することができなかった。さらに数日後には保管していた死体の手が動き、自然と手を組んでいた。結局体温は二週間も下がらないままで、医師たちは非常に驚いたそうです。

この事例は、死んでもなお意識が残る可能性があることを示しているのではないかと思います。たとえ臨床的には死亡の判断が出ていたとしても、それは現在の医学が線引きした便宜上の死にすぎません。医学的に死亡が宣告されても、意識が消失したことにはならないのです。

逆に仏教では、死後も意識は消失せず、他の生命の意識として生まれ変わるものと考えています。これを仏教では「輪廻」と呼びます。

死後の肉体は分解されて別の物質となり、新たな命の素となります。これと同じように意識も、新たな生命に乗り替えると考えるのです。

輪廻が運んでいるものは「意識」や「認識」なのですが、私たちが日頃感じている意識はただの「そう思われるもの」であり、輪廻によって運ばれるものとは違います。もっと究極的なレベルにおける意識のありようなのです。

意識はこうして前世から現世へ、そして現世から来世へ、連続して持続していくと考えられています。意識は何かから生み出されたわけでも、突然消失するわけでもなく、始まりも終わりもなく、常に存在し引き継がれるものなのです。

瞑想の効果で脳細胞が変わる

もちろん、科学者が科学的なアプローチでもって意識を考えるのは当然です。でもそれが絶対に真理だとも言えない。私たち仏教徒は、自分の心と対話したり、人の経験を分析したり、論理的な思考法を積み上げげたり、仏教の経典と照らしあわせたりしながら、仏教という自分たちの方法で、科学者のみなさんと共に真理に迫りたいと思っています。

これは決してどちらが正しい、どちらが優れているという問題ではありません。むしろ異なるアプローチを重ねあわせて、ひとつの真理を追究していくべきです。

私自身、科学には大変興味があり、積極的に科学者の方々と意見を交わす機会を設けています。過去二十五年間にわたって欧米を始めインドやアジアなど世界中の科学者たちにお会いし、情報交換したり、最先端の科学の解説を受けたりしてきました。

実際、科学者の方々が持っている知識や情報、実験や発見というものは、仏教徒である私にとっても大変興味深いものです。特に物理学的な分野や生物学的な分野の中には、われわれがアプローチできない事実が多くあります。進歩や発達も早く、新しい発見が多いのでとても楽しみにしています。

一方で、最近では科学者の中にも、仏教に興味を抱く方が増えてきました。みなさんは、仏教が精神や感情をどのように解釈しているか、熱心に尋ねてこられます。この背景には、精神や感情といった分野にも科学の光が当てられるようになり、多くの科学者が注目を寄せるようになったことがあります。

また、仏教の力を、科学によって裏付ける研究も行われています。

たとえば、瞑想や修行の有効性の研究です。宗教と全く関係なく、一人の人間として瞑想や修行をしても、その後に注意力や集中力のテストをすると、結果が大きく伸びたのだそうです。

アメリカの大学では、実際にこれを授業に取りいれ、学生にどのような変化が生じたか実験した所があったそうですが、集中力が上がったり、脳の柔軟性が上昇したりと、ここでもよい変化が生じたと聞いています。

また、別の研究では瞑想によって脳細胞自体に変化が生じたというデータがあり、肉体にまではたらきが及んだことが明らかになったそうです。

たしかに心を穏やかに保つことは、肉体の健康にも大きく作用します。ストレスなどマイナスの感情は、心身のバランスを崩し、様々な病気の原因にもなっているからです。うつ病や高血圧などは、この代表例と言えるでしょう。こうした病気を防ぐ意味でも、仏教が続けてきた心のコントロールには効果があると言えるでしょう。

また、スタンフォード大学やウィスコンシン大学などでは、仏教の教えそのものを実践すると、感情や心情にどのような結果が出るかを研究しているそうです。これには破壊的な衝動を持つ者への対策や、倫理観の高い人間の育成方法など、具体的な目標があるとも聞いています。

「私の教えを信じるな」という釈尊

それでも、科学と宗教は相容れないものであるという考え方は根強いものです。実際、私が科学者と会議を行なっていることを知ると、「気をつけてください。科学はあらゆる宗教を殺してしまう。まさに悪魔の呪文です」と警告してきた友人がいました。

また、科学者の方との話し合いではよく「対話」という言葉が使われます。しかしこの言葉には、両者の立場や存在が対立しているという前提や先入観が含まれているように思います。

実際はその逆です。仏教と科学は驚くほどよく似ています。現象を調べ、法則を発見し、存在を確かめ、真実を探ろうとする。目指している方向も姿勢も同じなのです。

仏教が科学と近しい理由は、釈尊の教えにも見られます。

釈尊は全ての弟子たちを前にして、「ただの信仰心で私の教えに従うのはやめなさい。

はじめから私の教えを信じこむのではなく、私の教えが正しいかどうかを自分で調べ解き明かしなさい」と語り、盲目的な信仰を戒めています。

さらに「ある金属が純金かどうか調べるにはどうしますか。叩いたり、こすったり、切ったり、いろんな手段を使って調べるでしょう。私の教えも同じです。本当に価値がある正しいものかどうかは調べなくてはわからない」というたとえを使い、もし結果として論理的な矛盾や根拠の欠如がわかれば「私の教えを受け入れてはいけない」と説いています。まさにこれは科学的な姿勢といえるでしょう。

「釈尊は科学者だ」と言う人がいるぐらいですし、私もこの意見には同感です。この姿勢は、釈尊だけでなく、他の多くの僧侶にも受け継がれています。結局釈尊は、検証と修行の方法論を示してくださった先生に過ぎないのです。

ともすれば私たちは見かけに騙され、真実を見誤りがちです。それは宗教者も科学者も同じこと。それが真実だと思い込み、満足してしまうのです。そうではなく、常に真実は何かということを考え続けることが大切です。

もちろん、たくさんの知識を学んで知性を高め、誤解や思い込みを取り除かなくては正しい検証はできません。

また、それまで自分が信じてきた常識と違う説を唱えられても、それを一度は受け入れてみることが大切です。自分と異なる意見を持つ他人の話にも、まずは素直に耳を傾けてみるのです。

実際、科学的な見解と仏教の教えが異なることはしばしばあります。しかし、だからといって宗教者は科学を忌避してはいけませんし、また逆に科学者も科学が最も正しいと盲信してはいけません。

私も、仏教の旧い経典を大切にするのと同時に、科学にある現代的で公平な視点を持つようにも気をつけています。そして、たとえ経典の内容に反するような科学的見解でも、自分で検証した結果、一切の矛盾がなく正しいということが実感できれば、それを受け入れなくてはいけないと思っているのです。それを拒絶するようなことは決してしたくありません。

私自身、仏教の教えをぜひ信ずるべきだとは決して言いません。また、仏教の教えが正しいとも言わない。それはあくまであなたが確かめ評価することです。

ビッグバンの前の宇宙はどうなっていたか

精神的な分野だけではなく、物理学の分野においても、仏教と科学は近いアプローチを行なっています。

物理学というと、数式と実験の世界に思われるでしょう。しかし、宇宙、時空などの分野は未知の領域がたくさんあり、理論や概念でも語られることの多い世界です。

そのため、科学と仏教の導き出す仮説が重なりあうことが多い。科学は観測と計算から、仏教は論理学や哲学的観点からと、それぞれ別の側面から真理に迫っているというのは、とても面白いことです。

たとえば「宇宙はどのようにして生まれたか」という問題。

科学の世界では、約百三十七億年前に膨大なエネルギーの爆発が起こり、そこから現在の宇宙が始まったという「ビッグバン理論」が唱えられています。しかしこれもまだ仮説の域を出ず、科学者によって見解はまちまちです。発生時期一つとっても、様々な説があるような状態です。

そして最大の謎の一つは、「ビッグバンが起こる前はどのような状態だったのか」というものです。

「無」の状態にあったところから、突如爆発が起きて宇宙が生じたというのがこの理論の通説です。それではその「無」とはどういう状態なのでしょうか。なぜ「無」から宇宙が発生したのでしょうか。これについては最新の科学をもってしても明確な結論が出ていないのです。

われわれ仏教徒も、この問題に対する結論は出せていません。しかし、宇宙を考えることは、仏教の基本通念である「空」や「無」を考えることにつながります。また、宇宙のありようを解き明かすことは、この世界の真理に近づき、自分自身の存在を見つめることにもつながります。

そこで、この「無」とは何かという問題を、仏教の見地で検証してみましょう。最新科学を参考にしながらも、一つ一つの現象を概念から見つめ直し、論理を積み重ねていく仏教的な方法で検証していきます。

「無のように思われる空間」に迫る

一つ目の仮説として、ビッグバンの前の「無」は、「物理的に完全に何もなかった」と考えてみましょう。つまり、物質も空間も何もなく、過去も未来も時間もない場所から突然ビッグバンが起こり、宇宙が始まったと考える説です。

しかし、完全に何もなかったところに、なぜ突然宇宙が発生したのでしょうか。宇宙の物質やエネルギーはどこから生じたのでしょうか。何がきっかけでビッグバンほどの凄まじい爆発が起きたのでしょうか。そのどれも論理性がなく、因果関係を示すことができません。

このように考えを進めると、この「完全な無」という見解は論理的に矛盾しているように思います。実際に科学の世界でも、この「完全な無」という説を唱えている人は少ないそうです。

そうなると、この「無」は「完全に何もない状態」ではなく、「何もないように思われる状態」だったのではないでしょうか。

そこで二つ目の仮説として、現在の科学ではまだ解明できていない「何か」の物質があった、その「何か」の影響によってビッグバンが生じたのではないか、ということを考えてみます。こう仮定すればビッグバン発生のメカニズムに因果関係を導き出すことができます。

たとえば、ビッグバンの前の宇宙には非常に微細な粒子があって、それが宇宙の素となった。もしくは宇宙中が未知の物資で満たされていて、それがビッグバンを誘引した。

こうした考え方は、仏教でいう「虚空」の概念に通じています。これは、「何もない」ように思えるけれど、同時に「あらゆるものを包括している」という状態を指すものです。人間の把握できない非常に微細なレベルの事象が実際にはたくさんあり、そのすべてを含めて本質なのです。

最新の科学でも、「未知の物質」の存在が少しずつ明かされつつあります。その研究によれば、宇宙の物質は今の科学では把握できない物質ばかりだそうです。「何もない」ように見える世界も、それは私たちの狭い認識に過ぎないということです。

三つ目の仮説は、「この世界と相互依存しているものがない」ということです。

たとえば「ここに○○がある」というとき、それを認知する者の存在があり、○○というものを判別できる力があり、なおかつ「それがない」状態との比較ができなければ、その存在を認めることはできません。

つまり、「この世界にある」ものは、私たちの認知によって存在が認められたものに限られているのです。全ての事象は何らかの形で世界とつながり、他の事象に依存しているということです。

それではもし、この依存関係と全く関係のない、完全に独立した世界があったとしたらどうでしょうか。この世界と何ら関係のないものを、私たちが認識することは決してできません。確かに存在していても、それが「ある」と把握できないからです。こちらからすれば、その世界は「無」の存在ということになります。

科学的な見地でも、ビッグバンの前には「全く別の宇宙」が存在したのではないか、という説があります。それは今私たちがいる宇宙から完全に独立した、全く別の宇宙のことです。前に存在した宇宙の全てが一度無に還元され、それからビッグバンが引き起こされ、今の宇宙が始まったという考えは、決して机上の空論ではなく、最新科学でも検証され続けていることなのだそうです。

もし時間に単位がなかったら

「時間」は非常に身近なものです。しかし時間とは一体何なのかということを追究していくと、その概念の難しさに気づきます。

たとえば、私たちは時間というものをどうやって把握しているでしょうか。たいていは六十分は一時間で、二十四時間は一日で……というこの世界での単位で捉えるでしょう。

しかしこれは時間そのものではありません。時間を扱うにあたって私たちが決めた便宜上の単位に過ぎません。

それでも単位がなくなった途端、私たちは時間を扱うことができなくなってしまいます。月、年、世紀、……とスパンを拡大していけば、最後には何の区切りもないただの時間になってしまいます。そしてその中では、過去も未来も今も全て一つの時間としてくくられて、実感として捉えることができないのです。

逆に、短い時間を考えてみましょう。時間をどんどん細かく分割していけば、一時間は六十分に、一分は六十秒に……と細かく区切っていけますが、すぐに捉えることのできないほど細かな時間になってしまうでしょう。

さらに「今」とはなにか、ということを考えてみてください。「今」は時間を考える上で最も基本の概念ですし、私たちは常日頃から「今」という言葉を使っています。しかしこの概念を正確に定義することができるでしょうか。

仮に「今」を「この一瞬」だと規定します。でもそうすると、「今」には時間的な長さが全くないことになってしまいます。ところが私たちは、「今は食事中です」「今は幸せです」などと使うように、「今」にはある程度の時間を実感しているように思います。

一方で「今」が一定の期間だとしたら、一体どこからどこまでが「今」なのでしょうか。とてつもなく長い時間を「今」ということもできるし、ほんの一瞬を「今」ということもできる。

結局、時間の基本である「今」ですら、正確に定義することができません。

つまり、「時間」には、確かな実体はないということです。確かに時間は存在し、常に流れているものですが、実体はない。私たちがどのように切り取るかで決まる、概念に過ぎないのです。

刹那の変化を捉えることはできない

仏教では、古くから時間への考察を続けてきました。その中では、時間に実体はなく、人間の認識の中で捉えている概念に過ぎないことも言及されています。

そのため、人間の理解を超える長い時間を「劫《こう》」といい、逆に短い時間を「刹那《せつな》」と呼び、その限界を認めているのです。

このように、私たちの時間の認識には限界があります。たとえば、一年ぶりにあった人であれば、老化した、太ったなどの変化を発見することは簡単です。しかし、いま目の前にいる人が、一瞬一瞬老けていくのを見ることはできるでしょうか？　私たちは一瞬の変化を捉えることができないのです。

自分自身の体も同じことです。一年前の体と今の体を比べれば、明らかに変化があるでしょう。でも、今この一瞬、どのように変化しているかは自分でも把握できません。でも一瞬ごとの変化があるからこそ、一分ごとの変化があり、一日ごとの変化があり、一年ごとの変化があるのです。

死にも同じことが言えます。医学的見地では、ある時点を指して「死んだ」と規定していますが、それも人間が便宜上引いた、生と死のボーダーラインに過ぎません。実際の人間は自分で把握できないレベルで、少しずつ少しずつ死んでいくのです。

これは「刹那滅」という仏教の考え方にも現れています。あらゆる物事は刹那の間にも生じて滅するという概念です。全て一瞬一瞬変化していて、同じ状態ではない。これが仏教でいう本当の意味での「無常」なのです。

刹那滅は人間には捉えることができない、非常に微細なレベルの現象です。しかし、たとえ私たちの目には同じように見えていても、実は常に変化しているということをきちんと認識することが大事です。

こう考えると、目の前の現状を嘆いたり、今持っているものに執着したりすることが、いかに意味がないかとわかるでしょう。全ては気づかぬうちに一瞬で変化してしまうものだからです。

逆に言えば、どんなに小さな変化でも、その積み重ねが大きな変化をもたらすということです。少しずつでも自分を良い方向へ高めることで、まとまった時間が流れたとき、目に見える変化となって現れるでしょう。

こうした事実を心に留めて、日々を過ごしていただければと思います。

第七章　この世で起こることには必ず理由がある

このように宇宙論一つを例にとっても、科学と仏教が非常に近いことがおわかりになったと思います。双方に通じるのは、ただ純粋にシンプルに真実を追究したいという姿勢です。そして知性によってあらゆる事象を検証し、論理によって物事を捉えようという考え方です。

もし仏教が一神教であれば、科学とこのように融合することはできないでしょう。唯一絶対の神がこの世界を作ったという教義があり、それを疑うことは許されないからです。それは論理を超越した観念なのです。

私はこれを否定するつもりは全くありません。宇宙がどうやって生まれたのか、確かな答えはどこにもないからです。

ただし、「宗教は科学と対立する」というイメージは、仏教にはそぐわない。「この世界の真理に迫りたい。そして少しでも良い方向へ導きたい」、仏教徒はこう考えて、あらゆる物事を観察し、そのありようを論理的に検証してきたからです。

全ての事象にはタネがある

そして論理と検証の結果、仏教が導きだしたのが「因果」の法則です。「原因があるから結果が生じる。結果には必ず原因がある」。仏教では、人間、物質、出来事、宇宙……あらゆる事象すべてがこの法則で成り立っていると考えています。

これをいま目の前にある花でたとえてみましょう。植物は種から芽が出て成長して、やがて花を咲かせます。これを因果の法則に当てはめると、種が「因」となり、花という「果」が生じたということになります。

これは人間だって同じことです。あなたは突然この世界に誕生したわけではありません。あなた自身にも当然因があります。

生物学的に捉えれば、直接的な因は両親の卵子と精子になります。それでは両親の因はというと、そのまた両親の卵子と精子になる。

こうやって因をたどっていくと、人類の祖先にまでたどり着いてしまいます。さらに進化の歴史を逆流して、動物の起源、そして生命の源まで還元し、ついにはこの世にある物質を生み出したビッグバンまで到達することになります。そして、このビッグバンにも、何らかの因が存在するはずです。

つまり、自分自身の存在を含め、この世界のあらゆる事象が、はるか昔から続く連続性の中にあり、因果の法則によって関係しあっているのです。

ただし、生物は意識と肉体の両方によって成り立っています。そのため、肉体の因が卵子と精子であるように、意識にも因があると仏教では考えています。意識だけが突然この世界に生じるというのは論理的ではなく、因果の法則にも反しています。

ただし、肉体や意識がそのままの状態で受け継がれていくわけではありません。あくまで因は果の発生を引き起こすもの、促すものです。たとえば両親の手が子どもの手になるわけではなく、両親の卵子と精子が種となり、肉体という果を生み出しているということです。

意識も、そのまま意識が転移するのではなく、生物が意識を持っていたありよう、その本質的な念やエネルギーのようなものが、他の生物に転移すると考えられます。

もちろん一般的には、意識は生まれたときに誕生し、死ぬときには消滅してしまうように思われています。でもそれは、私たちが認識できているごく表層的な意識に過ぎません。それは生物に意識が宿るということの本質ではないのです。

肉体が死んで別の物質に分解されるように、意識の本質は生命全体のサイクルのなかへ戻る。そして別の生命の意識を生み出す素《もと》となっているのです。

これが「輪廻」です。輪廻とは、意識における因果のシステムなのです。始まりも終わりもない、本質的な連続性がそこにはあります。

「因果の法則」三つのルール

「因果の法則」には三つのルールがあります。この三つが満たされていない状況では因果の法則は成り立ちませんし、反対に満たされていれば因果は成立することになります。

第一のルールは、「因がないところに果は生じない」というものです。

たとえば、何もない場所に突然花が咲くということはありません。種があったから花が咲いたのです。

もしこのルールを宇宙の起源に当てはめると、絶対的存在が宇宙を創造したり、「完全な無」から宇宙が生み出された、という説は否定されることになります。逆にこれを認めるとすれば、宇宙誕生の瞬間だけは因果の法則を超越したということになりますが、なぜその時だけ法則が破られたのかという論理的な説明はまだ誰もできてはいません。

第二のルールは、「不変から果は生じない」というものです。不変のもの、永遠のものは何の変化も起こさないため、因にも果にもなりえません。無常であるからこそ物質は変化し、新しい何かの因となるのです。

第三のルールは、「因には果を生み出す素質がある」というものです。全く無関係の原因から結果は生じません。因の中に潜在的な可能性がなければ、因果は成立しないのです。それは、果と同種の性質を持っていたり、強い関係性があったりということです。たとえば花の因は種でしたが、いくら別のものを土の中に植えても花は咲いてこないということです。花という果を生み出す可能性、素質がない限り、それは因になり得ないのです。

「行為」も因果を引きおこす

因果が当てはまるのは、形のあるものばかりではありません。「行為」にも因果の法則が成り立ちます。たとえば誰かの行為によって何か新しいことが生じた場合、その行為が「因」、起こったことが「果」ということになります。

しかし、行為を行うのは、あくまで命を持つ生き物だけです。物質である場合、自ら行為をすることはありえないので、行為による因果も起こりません。そのため、物質の因果関係はシンプルで明確なものが多い。たとえばある物質が化学変化を起こして別の物質に形を変えるといった自然現象がこれに当たります。はるか昔、地球にまだ生物がいなかった頃は、きっとこの因果関係だけで世界は動いていたのでしょう。

一方で、命あるものには行為が伴います。しかもそこには、色々な意志や感情が入り交じり、様々な人やものに影響を与えてしまう。そのため、因果関係に行為がからむと、その関係性は急に複雑になります。

また、「行為」と一言で言っても、人間の場合は「三つのパターン」に分けられます。「運動」による行為、「言葉」で何か伝える行為、そして「心」をはたらかせる行為です。

この三つの内、「心」における行為が非常に重要です。なぜなら、この心のはたらきがその人の意志や動機となって、新たな行動を起こさせたり、他人に発する言葉を生んだりするからです。

たとえば誰かを助けるという行為を行うのは、その前に「その人のためになりたい」という心のはたらきがあったからです。逆に相手に意地悪な言葉を投げたときには、前から心の中で「この人のことが嫌いだ」という思いが渦巻いていたのでしょう。

このように、因果は「心」によって、しくみがかなり異なってきます。特に人間は心のはたらきが強いので、因果に与える影響もかなり大きいといえます。

ちなみに、草木や花などの植物は「行為」を起こすことがあるのでしょうか。

植物もただの物質とは違って生物ですし、感覚に近いものが備わっているという考え方もあるようです。しかし物事の良し悪しを区別したり、幸せや苦しみを感じたりというような「心」は持っていません。ですから、動物がするような「行為」はないと言っていいでしょう。

植物が花を咲かせたり実をつけたりと、ある種の変化を遂げたとしても、それは感情や意志に基づいているものではありません。花が咲くのは、植物そのものに組み込まれたはたらきのためです。色や形の違いも物質的な差異に過ぎず、そこに意志があるわけではない。植物は、物質と似たような単純な因果で廻っていると言っていいでしょう。

因果応報と自業自得

因果の三つ目のルールにあったとおり、果は同じ性質の因によって引き起こされます。よい因はよい果を引き起こし、悪い因は悪い果を引き起こします。

実はこの因果のはたらきは相手に影響を与えるだけでなく、自分自身にも同様の影響を与えているのです。

たとえば、よい行いをして誰かを幸せにしたとき、そのよい影響が本人にも残る。逆に、悪い行いをしたときは、必ずその悪い影響が本人にもたらされます。行為の影響、行為の持っていた力というのは、そのまま自分にも残り続けるのです。

これを仏教では「カルマ」（漢字では「業《ごう》」）と言います。本来は「行為」そのものを表すサンスクリット語ですが、仏教では少し違う使い方をします。その行為にこめられた力、はたらき、性質、そういったものを指して使うのです。

そして自分に残ったカルマは、いずれ自分の身に必ず結果を生み出します。自分が起こした因によって新しい果が生まれ、それがまた因となって新しい果が生まれて……と、因果はずっと連続していきます。そして、その影響の連続はやがて自分の方へと廻りめぐってきて、自分の身にも果を生じさせるということです。

つまり悪い行いをして悪いカルマを持っている人には、いずれ悪いことが起こるでしょうし、よい行いをしてよいカルマを持っている人には、その力によってよいことが起こるのです。結局自分に起こることは、過去に自分がした行為の結果ということです。これを「因果応報」といいます。

ただし、因果応報がすぐに成立するというものではありません。そのため、「悪いことをしても平気だった」「いいことをしても報われない」と考えるようになり、因果に対して疑問を持ってしまう人もいるようです。

現実には、果として何かが起きるときには、因だけではなく様々な要素や条件の影響を受けます。逆に言えば、そうした要素や条件が整わなければ、因があっても結果は生じてこないのです。

因果に影響をあたえる条件や要素のことを「縁」といい、因と縁が揃ったときに初めて結果が生じることを「縁起」といいます。これを花にたとえるなら、たとえ種という因があったとしても、水や空気や温度がなければ花は咲かないのと同じです。

物質の因果は単純なしくみでしたが、人間だとそうはいかないということです。「悪いことをしたので、悪いことが起きました」というような単純なしくみではないのです。因となりうる行為はこの世に無数にありますし、たくさんの要素や条件が絡み合っています。たとえば現代における環境問題や近代化の弊害は、その因だけでも膨大にあり、過去から少しずつ積み上げられてきたものです。

そのため因果のしくみは非常に繊細かつ複雑で、人間が正確にそれを予測したり把握したりすることは不可能なのです。全てを見通せる「一切智」があれば正確に言い当てられるでしょうが、俗世にいる私たちには無理なことです。

ただし、しくみのありようは複雑でも、因果やカルマの原理原則は変わりません。よい因にはよい果が、悪い因には悪い果が生じます。一度してしまった行為は、決して取り消すことができません。同じように一度背負ってしまったカルマが、勝手に消えることはありません。その人に深く根付き、積み重なっていきます。そして来るべきときに同じ性質の結果を生み出す力となるのです。要素や状況が整いさえすれば、必ず結果が生じます。

死んでも消えないカルマをどうすればいいのか

因果の法則やカルマの影響は、死後も変わることがありません。輪廻はこれを反映した考え方なのです。

人の死後、意識が新しい命に移る際にも、何に生まれ変わるかは偶然では決まりません。因果の法則に従い、意識に残るカルマによって必然的に決まるのです。さらにそのカルマは本人が死んでも消えることはなく、新しい生命にも引き続き受け継がれていくと考えられています。

煩悩が強く、悪い行いを続けた人であれば、その悪いカルマがより卑しく苦しい来世を呼び寄せます。逆に煩悩をなくそうと努め、正しい資質を身につけた人は、よりよい生を受けることとなる。

また、心の鍛錬が進んでいる人ほど、来世へ意志が伝わりやすいと考えられています。自分の前世の記憶をはっきりと持っている人がまれにいますが、それは強い意識の連続であり、自らの選択によって生まれ変わったことの現れだと考えられます。

それでもやはり生き物は、自分で来世を選んだり、輪廻をコントロールしたりすることはできません。あらゆる生物が廻りめぐる輪廻の中、どれほど脆《もろ》く弱い生物に生まれたとしてもそれを無条件に受け入れるしかないのです。

とはいえ、私たちは日々生きていく中で、多かれ少なかれ悪い行いをしてしまうものです。そうやってたまった悪いカルマは、一体どうすればいいのでしょうか。

その答えは、少しでもよい行いをしてよいカルマの力を増やすようにするしかありません。

悪いカルマをそっくり取り除いたり、何かで消したりすることはできません。それでもよいカルマが増えれば、それによってよい出来事が引き起こされ、悪い出来事が起こる条件を遠ざけるようになります。その内に悪いカルマは少しずつ軽減し、やがて相殺できるようになるでしょう。

過去に悪い行いをしてしまったら、新たによい行いをすること。そうすれば、悪いカルマを、新しいよいカルマで減じることができ、よい縁起を増やすことにもなります。これをいつも心がけてください。

たとえどんなに悪い行為をしてしまっても、そしてどんなに悪い出来事が身に降りかかっても絶望してはいけません。新たによい行いをすれば、少しずつでもよい方向へと向かうはずです。そして必ず将来を変えることができるでしょう。

なぜ大震災は起こってしまったのか

今回、日本の方からこのような質問を頂きました。

「東日本大震災は、あまりに悲惨な大災害でした。地震だけではなく、津波にも襲われ、原子力事故も起きました。これもやはり因果なのでしょうか。私たちはそんなに悪いことをしたのでしょうか」

たしかに、震災がこの世に生じた事象である限り、必ず因があります。

直接的な地震発生のメカニズムは、すでにある程度解明できているでしょう。地球そのものの活動は、カルマと関係のない物質的な因果関係で起こるからです。

しかし、「震災」という出来事全体、災害全体で考えた場合、物理のメカニズムだけではない複雑な因果がはたらいています。

今回の震災でも、地震の衝撃が去った後に、巨大な津波が襲ってきて街全体がのみこまれたり、原発事故による放射能汚染が日本中に広がったりと、災害は二重三重に重なりました。多くの人が家族を亡くされたり、家を失ったり、住む場所を追われたりしました。被災の状況は人によって様々でしょうが、それぞれ色々なことで傷つき、不安になり、苦労をされたことでしょう。

これほどの震災となると、その大きさと複雑さゆえ、因果関係を単純に読み解くことは大変難しいことです。カルマは長い時間をかけて積み重なって巨大化し、因や縁が非常に複雑に絡まりあいながら、様々な条件がついに揃ってしまった。それがあの三月十一日だったのです。ある因は津波の被害となり、ある因は原発事故となり、そうやって様々な被害が次々引き起こされてしまいました。

だからといって、被災者の方が特別に悪いカルマを抱えていたかというと、決してそうではありません。このように強大でめったに発生しない出来事は、個人のカルマで引き起こされるレベルではなく、社会全体としてのカルマ、世界共通のカルマのレベルの出来事です。大勢の方が一度に同じ類の苦しみを味わったということがその現れでしょう。

その因は、規模が大きいだけではなく、はるか昔何世代も前から積み重なっていたものでもあります。そう考えれば人類全体の因果応報といえます。たとえば、自然を破壊し、コントロールしようとしたことが影響しているのかもしれないし、物質的に豊かな生活を求めすぎたことが影響しているのかもしれない。

ただどれだけ考えたところで、何が因であるかを私たちの頭で理解することは不可能です。

人間が起こしたことは人間が解決できる

それでも、自分たちの行いを見つめ直し、よい方向へと自分を奮い立たせていく。それこそが大事なことなのです。どれほど苦しいことが起きても、どれほど困難な問題が起きても、人間はきっと乗り越えられる。私はそう強く信じています。

なぜなら、人間に降りかかる物事の元をたどれば、ほとんどの原因は自分たちで生み出したものだからです。人間が生み出したものが因となり、廻りめぐって果となり、そしてまた人間を苦しめているだけなのです。

自分たちが生み出した問題だからこそ、それを解決できるのも人間です。私たちはそれを解決できる力を既に持っている。もう私やあなたの手の中にもあるのです。

たとえば、日本で過去に起こった困難を思い浮かべてみてください。第二次大戦では空襲で街が次々と焼け野原になり、ついには原爆まで落とされました。大都市が一日にして完全に破壊されてしまうという、それはとてつもない悲劇でした。

しかしながら、日本はその絶望の淵から立ち上がりました。焦土の灰から新しい国家を再び築き上げたのです。

今の発展したこの日本は、決して、空から降ってきたものではありません。当時の日本人が決してくじけず、本当に勤勉に働き一生懸命努力したからこそ成し遂げられた結果です。

こうして復活を遂げた日本のみなさんですから、今回も同じように復興を遂げ、さらに良い国づくりをなさる力がある、そう私は信じています。かつての戦争を知らない若い方には特にそれを信じて欲しい。かねてより、日本人は大変勤勉な国民性と強い精神力を持っているのです。

震災を元に戻すことはできません。悲しいことですが、すでに起きてしまったことです。もちろん震災に限らず、みなさんの周りにはたくさんの苦難や困難があふれているでしょう。

でも、その事実に悲しんだり怒ったりし続けるのではなく、この苦難を必ず乗り越えようという意志に変えていってください。そしてその決意や自信をもって苦難に立ち向かってください。その姿勢によって現実的なビジョンを見通すことができ、問題解決の糸口にたどりつけるでしょう。

また、一生懸命努力して再び立ち上がることができたならば、それはみなさんの強い自信になるはずです。人はよき方向、正しい理由に基づいて行動しているときに強い信念を持つことができます。これは悪い行いをしているときには決して生まれないものです。

そうして、日本が国家としてよりよく、より強くなったとき、同時に日本のみなさん一人一人の心も前より正しく強くなっているはずです。

これからも日本のみなさんと

日本を初めて訪れてから四十年あまり。最近では毎年のように日本を訪問させていただいています。

特に今回は、高野山という神聖な場所で講演ができたことを大変光栄に思っています。ここで長らく弘法大師の教えを守り、受け継ぎ、そして実践してこられたみなさんには、改めて深い敬意を持ちました。また行く先々で多くの僧侶や仏教徒のみなさんにお目にかかりましたことも、心に残ることの一つです。

ここには三十年前に一度来たことがあったのですが、これほど長く滞在し、集中的に講演を行うことは初めてでした。講演の間には、高野山真言宗の松長管長に連れられて奥の院にお参りすることもでき、いい思い出となりました。

また、日本で講演を行うたびに、日本のみなさんとの間に友情や信頼関係が生まれるのを感じています。

今回も一つ一つの講演時間はそんなに長くありませんでしたが、共に笑い合ったり色々な問題を考えたりしながら同じ時間を共有すると、それだけで友情のようなものが芽生えるのを感じました。

もちろん私はチベット人、みなさんは日本人という違いはあります。それぞれ社会的背景や歴史は大きく違うものです。

でも私は一人の人間としてみなさんに会うことに決めています。一番大事なことは、人と人があたたかく交われるかどうか、優しい心と親しみを持てるかどうかだからです。

地球全体からみれば、同じ人間同士というのはもはや兄弟のようなものでしょう。本物の家族のように心を開き、何でも語り合い、本当の信頼関係を築いていきたいと思っています。

私たちはこの惑星に一時的に滞在しているに過ぎません。ここにいるのはせいぜい九十年か百年のことでしょう。その短い間に何かよいこと、役に立つことをして他の人々の幸福に寄与できたなら、それが人生の意味であり、本当のゴールだといえます。

今回の講演が、みなさんにとって生きる意味を見つめ直すきっかけとなり、「心の平和」を築く手立てになったらと願っています。

ダライ・ラマ法王を迎えて

――高野山真言宗管長・総本山金剛峯寺座主　松長有慶

今回、法王猊下《げいか》に日本密教の聖地・高野山においでいただき、大変光栄に思っております。千二百年前、弘法大師が高野山を開創した目的は、「上は国家のため、下は全ての修行者のため」でした。その目的どおり、仏教のお話から世界平和の願いまでを幅広く考えることができました。

今は世界規模で考えていかなくてはいけない危機がたくさんあります。たとえば環境問題。このままの生活を続けていけば地球は必ずダメになってしまうのに、私たちは生活を変えることができていません。また、世界中で暴力や争いが起こり、それが絶える日はありません。

このままの生き方を続けていけば、世界の歪みはさらに大きくなり、色々な問題となって私たちに押し寄せてくる。そんな予感がしています。
猊下のおっしゃるように、全体としての幸せや、他者のために生きるという生き方は、これからますます大事になってくると思います。

かつての日本人は集団の中で生きていました。大家族で住んだり、地域社会の中で暮らしていたり。お互いがコミュニケーションを密にとり、それぞれの心はつながっていたんです。

しかし、時代が進むにつれ、個人主義がどんどん広がっていくようになりました。自分さえよければいいという自己中心的な観念は、もはや批判されることなく、ごく一般的な考え方になりました。そして他人と関わることは煩わしいこととされ、つながりを持たずに生きていく人がとても増えたのです。

でもそれは、一人一人が大きな孤独を抱えるということでもありました。この孤独感こそ現代人の心を荒廃させ、社会全体に大きな歪みや問題を生み出している原因であるように思います。たとえば日本では、それは自殺やうつ病の増加だったりします。

この背景の一つには、戦後教育があるように思います。これが個人主義や自我の尊重といった観念を強力に推し進めていきました。一方で、他者への思いやりや連帯感といった考え方はなおざりにされてしまった。このような教育を受ければ、自分のことしか考えない人間になるのは必然です。

そう考えると、このような教育を子どもたちにしてきた、私たち大人の責任でもある。そういった反省をまずしなくてはいけないと思っています。

また、かつて日本人が共有していた仏教の思想的基盤が失われたことも原因でしょう。たとえば「輪廻転生」。死んだ後はどんな生き物に生まれるかわからない。だから人間として生まれた命を大事にしよう。それと同時に他の命も大事にしようというものです。私たちが子どもだった頃には、ごく一般的にこの観念が信じられていて、両親など大人は子どもたちにそう教えていました。

また、「一切衆生」という言葉もあります。これは全ての人々、全ての生き物は自分とつながっているという考え方。人間は自分一人で生きているわけではなく、あらゆる命に支えられて生かされているというわけです。

このような仏教的思想は、時代遅れの古い考えでも、宗教に限定された考えでもありません。むしろ他人同士の隔絶を乗り越えるために、現代社会にこそ広く浸透させたいものです。

もちろん誰かがそれを大声で呼びかけたところで、社会全体が一斉に動くという時代でないことはわかっています。それよりも、一人一人が自分の周りで少しずつ実践する。やがてそれが大きな輪になり、社会全体を変えていくものになると思います。

これは、猊下が常におっしゃっている「慈悲の精神」にもつながるものです。猊下は慈悲の精神こそ心の平和をもたらすものであり、世界共通のテーマであると説いておられる。ただしそれを実践するには、一人一人がそれを自覚し、自分の周りの人たちに広げていくべきだとおっしゃっています。

このような時代に、僧侶や寺院に何ができるのか、私も常に模索しています。かつては地域の中心として、住民を教え導くという性質もありました。しかし個人の多様化が進んだ現代社会においては、これはなじみませんし不可能です。これからは一人一人と向き合い、それぞれに応じた教えというものが必要だと思います。そのためには私たちも広い知見を持ち、幅のある人間性を身につけなくてはと思っています。僧侶の世界はある意味では閉鎖的で穏やかですから、ついそれに甘んじてしまう。そうではなく、これまでの枠組みから飛び出して、社会全体の問題にも取り組んでいかなくてはいけないと思っています。

現代の価値観を見直すためにも、仏教の教えには様々なヒントがあると思います。現代の問題に対しては、どの教えが有効か、どう役立てていくべきか、そして自分には何が必要か、日々の生活にどう活かしていくべきかを、みなさんにもぜひ考えていただきたいと願っております。

チベットと日本の絆

――高野山大学学長・藤田光寛

ダライ・ラマ法王十四世猊下は、好奇心旺盛で、ユーモアを解し、一度その法話を聴けば誰でも魅了されてしまう、そのようなカリスマ性をもっておられる方でした。伝統的なチベット仏教の教えとチベット文化のエッセンスを身をもって体現なさり、生き仏(活仏)、観音菩薩の化身と崇められているお方であるのも納得いたしました。

この度の法話や講演でも、暗記されている多くの仏典を適切に引用し、ナーランダー大僧院伝来の教えを紐解《ひもと》きながら、現代に生きる私たちがどう生きるべきか、人生の苦しみからいかに遁れるべきかをやさしくお説きになりました。その巧みな弁舌は、摩訶《まか》迦葉《かしょう》、舎利弗《しゃりほつ》、目連《もくれん》、阿難《あなん》など多くの仏弟子に向かって説法をなさった釈尊の姿を、思い起こさせてしまうほどでした。

また、仏教の経典を読んだり教えを聞いたりして、その意味について考え、瞑想し、煩悩を滅するように努力することこそ真の修行であると説き、「一般仏教の教えを学ぶ」

ことの大切さを強調なさいました。たとえば『般若心経』における「空」の思想を理解できれば、苦悩を冷静に見つめ、充実した人生を送ることができる。僧侶である我々にとっても、弘法大師が著した『般若心経秘鍵《はんにゃしんぎょうひけん》』と、チベット仏教の解釈とを比較して考える良い機会になりました。法王さまの中にある、熱心な学僧の一面をお見受けした瞬間だったといえます。

法王さまとは、法身説法など日本密教の思想や実践についての対話も行いました。仏教だけでなく、現代の科学にも強い関心をもっておられる法王さまは、宇宙や生命の本源、脳と心の関係などについても、科学者と熱い議論を交わされました。

講演の他にも、チベットに伝わる灌頂《かんじょう》という儀式も二日に亘って行われました。前もってナムギェル寺のチベット僧十名が建立した砂マンダラの金剛界マンダラが用いられ、約八百人の受者《じゅしゃ》全員がこのスピリチュアルな儀式に感激したのです。

このように今回の法王ご来訪は、日本の真言密教とチベット仏教との交流を深める貴重な場となりました。歴史をたどってみても、日本とチベットの間には深い結びつきと共通点があります。

紀元前五世紀頃、古代インドで釈尊によって説かれた仏教は、アジア大陸の各地へ伝わりました。日本には六世紀前半に公伝し、現代に至るまで日本文化の諸相に深い影響を与えています。一方チベットでは七世紀頃に伝わり、八世紀後半にティソン・デツェン王によって国教化されました。王によってナーランダー大僧院の長老・シャーンタラクシタがチベットに招かれ、サムイェー大僧院の清浄戒院でチベット人の出家者たちに「比丘《びく》戒《かい》（具《ぐ》足戒《そくかい》）」（出家僧の戒律）を授けたのが最初のこと。これが小乗のうち根本《こんぽん》説一切有部《せついっさいうぶ》という部派の戒だったため、以降チベット仏教では比丘戒はこれを修学することとなりました。チベット仏教が栄えると、文学、美術、工芸、演劇、医学などにおいても独自の文化が形成され、輝かしい精神文化を発展させました。これが中国、モンゴル、ネパール、旧ソ連南部など広大な地域に広まったことで、アジア大陸一帯にチベット文化圏が生まれることとなったのです。

実は、古代から現在に至るまで、密教の信仰が継承されているのはこのチベット仏教圏と日本の二地域だけなのです。『大日経《だいにちきょう》』や『金剛頂経《こんごうちょうきょう》』等で説かれる七世紀頃の中期密教は、真言密教や天台密教などとして現在も日本で栄えています。一方で八世紀〜十三世紀の後期密教の教え（無上瑜伽部《むじょうゆがぶ》密教、ブディスト・タントリズム）は、チベット仏教圏で今も信仰されているものです。それぞれ最上位に置く教えの違いはありますが、密教を最高のものと位置付け、その伝統を継承しているのは、チベット仏教も日本密教も違いがありません。

日本人がチベットに入るのは二十世紀まで待たねばなりませんでした。しかし、日本の弘法大師空海は、チベットに密教がもたらされた八世紀頃の密教者ですので、チベット人から特に尊崇されています。また同じ頃、日本の第十回遣唐使一行が中国の長安での朝賀の儀において、チベットからの使者と同席したこともあったそうです。

二十世紀初め、日本人として初めてチベットの都ラサに入ったのが河口慧海《かわぐちえかい》でした。少し遅れて入国した多田等観《ただとうかん》は、先代のダライ・ラマ十三世から特別の信頼を得て、ラサのセラ寺で十年間チベット仏教を修学しました。その他に成田安輝《なりたあんき》、寺本婉雅《てらもとえんが》、矢島《やじま》保治郎《やすじろう》、青木文教《あおきぶんきょう》、野元甚蔵《のもとじんぞう》、木村肥佐生《きむらひさお》、西川一三《にしかわかずみ》の各氏が戦前にチベットへ入国しています。河口と同じ頃、能海寛《のうみゆたか》もチベットを目指して出発しましたが、途中で消息を絶ち目的を果たすことは出来ませんでした。

現在では、チベット自治区以外でも、法王の住んでおられるダラムサラ（インド北部）をはじめ、インド、ネパール、スイス、米国など世界各地のチベット人コミュニティーにおいて、チベット仏教をはじめとしたチベット文化を学ぶことが出来ます。

私たちも、今後も引き続きチベット仏教の学僧との対話を行い、相互に学び合いたいと願っています。このような試みは精神的に豊かな実りを双方にもたらし、両者が目指す済世利民《さいせいりみん》と世界平和の実現により近づくことができると確信しております。

（この度の高野山大学における講演では、マリア・リンチェン女史と平岡宏一先生に通訳をお願いしました。記して感謝の意を表します。）

本書の作成にあたり、関係者各位に心から感謝申し上げます。（敬称略）

高野山大学ダライ・ラマ法皇招聘実行委員会
藤田光寛（高野山大学学長）
乾　仁志（高野山大学副学長）
奥山直司（高野山大学学長室長）
川崎一洋（密教文化研究所受託研究員）
斎藤友厳（萩生寺住職）

松長有慶（高野山真言宗管長・総本山金剛峯寺座主、高野山大学名誉教授）

茂木健一郎（脳科学者・ソニーコンピュータサイエンス研究所シニアリサーチャー）
ナターリヤ・ポリュリャーフ（生物学者・ソニーコンピュータサイエンス研究所リサーチャー）
佐治晴夫（物理学者・鈴鹿短期大学学長）
白石浩哉（仙台仏教会会長・曹洞宗東秀院）

マリア・リンチェン（ダライ・ラマ法王通訳）
平岡宏一（ダライ・ラマ法王通訳・清風学園校長）

合田秀行（日本大学文理学部教授）

ラクパ・ツォコ（ダライ・ラマ法王日本代表部事務所　日本・東アジア代表）
ルントック（ダライ・ラマ法王日本代表部事務所　文化・情報担当官）

〈写真〉
提供　ダライ・ラマ法王日本代表部事務所（チベットハウス・ジャパン）
[住所] 東京都新宿区新宿五-一一-三〇　第五葉山ビル五階
[電話] 〇三-三三五三-四〇九四　[FAX] 〇三-三二二五-八〇一三
[メール] lohdl@tibethouse.jp　[サイト] http://www.tibethouse.jp/

撮影　間山公雅

ダライ・ラマ14世　1935年チベット東北部生まれ。2歳でダライ・ラマ13世の転生者と認められ、15歳で国家最高指導者に。中国の侵略を受け、1959年インドに亡命、亡命政府を樹立する。1989年ノーベル平和賞受賞。

Ⓢ新潮新書

462

傷《きず》ついた日本人《にほんじん》へ

著　者　ダライ・ラマ14世

2012年4月20日　発行

発行者　佐　藤　隆　信

発行所　株式会社新潮社

〒162-8711　東京都新宿区矢来町71番地
編集部(03)3266-5430　読者係(03)3266-5111
http://www.shinchosha.co.jp

印刷所　株式会社光邦

製本所　憲専堂製本株式会社

ISBN978-4-10-610462-6 C0214